Sommaire

Introduction 3
Partie I : Mini études de cas 5
Eléments de réponse Partie I 35
Partie II : Tests à chaud 60
Test à chaud Chapitre I : Introduction au marketing digital 61
Test à chaud Chapitre II : Le marketing traditionnel Vs le marketing digital 62
Test à chaud Chapitre III : L'inbound marketing 63
Test à chaud Chapitre IV : Le display 64
Test à chaud Chapitre V : Le référencement 66
Test à chaud Chapitre VI : L'email marketing 67
Test à chaud Chapitre VII : Concevoir un site web 68
Test à chaud Chapitre VIII : Mesurer l'efficacité et la performance 69
Test à chaud Chapitre IX : Google Ads 70
Test à chaud Chapitre X : Meta Ads 71
Eléments de réponse Partie II 72
Test à chaud Chapitre I : Introduction au marketing digital 73
Test à chaud Chapitre II : Le marketing traditionnel Vs le marketing digital 75
Test à chaud Chapitre III : L'inbound marketing 77
Test à chaud Chapitre IV : Le display 79
Test à chaud Chapitre V : Le référencement 83
Test à chaud Chapitre VI : L'email marketing 85

Test à chaud Chapitre VII : Concevoir un site web................88

Test à chaud Chapitre VIII : Mesurer l'efficacité et la performance 90

Test à chaud Chapitre IX : Google Ads....................................92

Test à chaud Chapitre X : Meta Ads...94

Partie III : Etudes de cas..**97**

Etude de cas 1 : Color Atlas 98

Etude de cas 2 : La boulangerie de Madame Tahiri 102

Etude de cas 3 : Poussegrain...105

Etude de cas 4 : L'inbound de Maroc Telecom.......................107

Etude de cas 5 : Galeries Lafayette 109

Etude de cas 6 : Modern selling et inbound marketing 110

Eléments de réponse Partie III **113**

Corrigé Etude de cas 1 : Color Atlas 114

Corrigé Etude de cas 2 : La boulangerie de Madame Tahiri 115

Corrigé Etude de cas 3 : Poussegrain 117

Corrigé Etude de cas 4 : L'inbound de Maroc Telecom..........120

Corrigé Etude de cas 5 : Galeries Lafayette 123

Corrigé Etude de cas 6 : Modern selling et inbound marketing 125

Introduction

L'approche par problèmes (APP) est « une méthode d'apprentissage basée sur le principe d'utiliser des problèmes comme point de départ pour l'acquisition et l'intégration de nouvelles connaissances ».

La logique de ce manuel s'inscrit dans ce cadre, et essaie à travers des études de cas, à apporter aux stagiaires l'ensemble des acquis théoriques dont il aura besoin pour débuter dans ce magnifique domaine, qui est le marketing digital.

En plus de six études de cas sous forme de dossier entreprise, ce manuel se compose, d'une soixantaine de cas sous forme de QCM, proches de la réalité, pour vous aider à acquérir les réflexes nécessaires à l'atteinte des objectifs de notoriété, de chiffre d'affaires, et de trafic…en utilisant les leviers du marketing digital (Référencement SEO/SEA, l'Emailing, le display, la présence dans les réseaux sociaux, le content marketing…)

Cet ouvrage s'adresse à toutes les personnes qui désirent se familiariser avec les concepts et les outils du marketing digital et concerne particulièrement les stagiaires de la formation professionnelle, les étudiants engagés dans les filières de l'enseignement supérieur en gestion qui sont confrontés à une épreuve de marketing, notamment les étudiants de BTS, les étudiants des cursus universitaires en gestion (Licences Professionnelles, Masters...) et les étudiants en Écoles de Management.

Mode d'emploi

Ce manuel est composé de :

- 66 mini études de cas
- 10 tests à chaud
- 6 études de cas

Il est préconisé de commencer d'abord par les tests à chaud à l'issue de chaque chapitre, pour vérifier que les acquis théoriques ont bien été assimilés.

Les mini études de cas ont pour objectif de transmettre aux étudiants les compétences du marketing digital à travers des problèmes que le marketeur rencontre dans son quotidien.

A la fin du module, et pour s'assurer que tous les chapitres ont bien été compris par les étudiants, des études de cas plus complexes, sont proposées avec leurs corrections.

Ces études de cas permettent de mettre en pratique les apprentissages théoriques du marketing digital et d'étudier la capacité des élèves à analyser une situation concrète.

Partie I :
Mini études de cas

Question 1 : Le Web offre aux entreprises d'excellentes opportunités pour développer leur activité, et peut aider les gérants d'entreprise à explorer de nouvelles voies très intéressantes.

Quels avantages peut-on tirer d'une présence en ligne ?

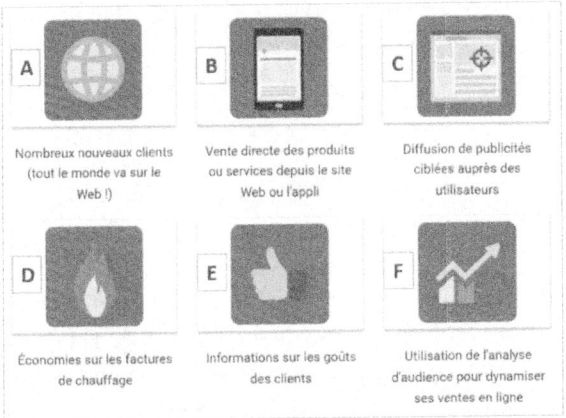

Question 2 : Hassan, mécanicien de 50 ans, possède un garage automobile dans une petite ville et envisage de développer son activité sur le Web. S'il passait au numérique, quels seraient les avantages pour son entreprise ?

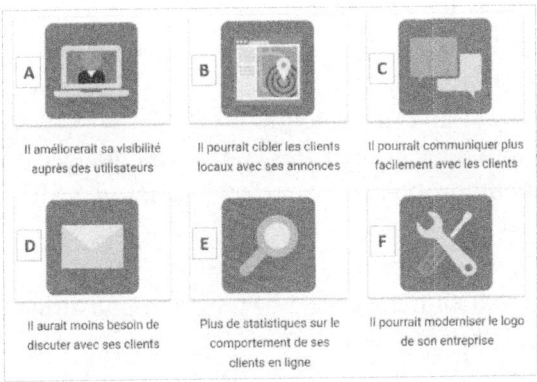

Question 3 : M. Tahiri a beaucoup de succès en tant que coiffeur. Pour développer son activité, il a décidé d'ouvrir un nouveau salon. Il n'est pas encore présent sur le Web, mais il pense que cela pourrait l'aider.

Parmi ses objectifs commerciaux, lequel pourrait-il atteindre plus facilement s'il était présent en ligne ?

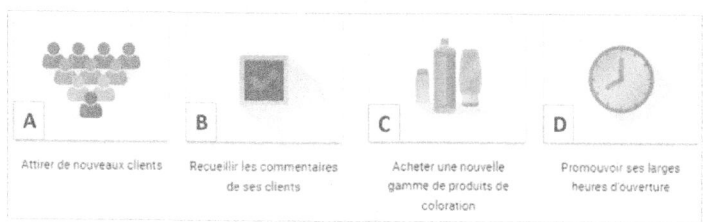

| A | Attirer de nouveaux clients | B | Recueillir les commentaires de ses clients | C | Acheter une nouvelle gamme de produits de coloration | D | Promouvoir ses larges heures d'ouverture |

Question 4 : Toujours pour son salon de coiffure M.Tahiri a créé un site Web avec un outil de prise de rendez-vous en ligne. Il souhaite interagir davantage avec ses clients et il a établi une liste d'objectifs pour y parvenir.

Aidez-le à associer chaque tâche à l'outil qu'il devrait utiliser pour parvenir à ses fins.

A	Recueillir les commentaires des clients	1	Une page sur les réseaux sociaux
B	Informer les clients des nouveaux horaires d'ouverture	2	Une carte
C	Présenter aux utilisateurs les nouvelles coupes de cheveux proposées par Tahiri	3	Une galerie de photos
D	Aider les utilisateurs à proximité à trouver le nouveau salon de coiffure	4	Un questionnaire par e-mail

Question 5 : Il aimerait attirer davantage de visiteurs sur son site Web. Il a entendu dire que les liens sponsorisés (SEA) pourraient lui être utiles, mais il n'en sait pas beaucoup plus.

Pouvez-vous lui expliquer ce qu'ils pourraient lui permettre de faire ?

Actions	Vrai	Faux
Acheter de l'espace publicitaire sur une page de résultats de recherche		
Enchérir sur des mots-clés pour afficher son contenu dans les moteurs de recherche		
Ajouter des tags aux mots-clés dans le contenu de son site Web		
Optimiser la conception de son site Web		

Question 6 : Malgré sa présence sur Internet, il continue à n'enregistrer que peu de visites sur son site Web. Pour savoir comment les visiteurs interagissent avec ce dernier, il souhaiterait utiliser des outils d'analyse. Parmi les méthodes suivantes, sélectionnez celles qui, selon vous, peuvent aider les responsables d'entreprise.

Méthodes	Oui	Non
Indiquer les pages Web les plus consultées		
Identifier les éléments du site sur lesquels les internautes cliquent		
Répertorier les sections du site Web qui déplaisent aux utilisateurs		
Identifier l'origine géographique des visiteurs qui se connectent		

Question 7 : Pour pallier au problème de trafic du site web, M. Tahiri a pensé aux newsletters. Les données d'analyse d'audience obtenues indiquent que les utilisateurs se désabonnent de sa newsletter au bout de deux semaines.

Parmi les conseils que Tahiri reçoit de ses amis, lesquels doit-elle appliquer ?

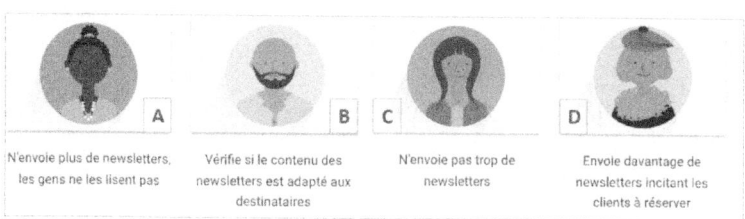

A. N'envoie plus de newsletters, les gens ne les lisent pas
B. Vérifie si le contenu des newsletters est adapté aux destinataires
C. N'envoie pas trop de newsletters
D. Envoie davantage de newsletters incitant les clients à réserver

Question 8 : Grâce à un outil d'analyse d'audience, M. Tahiri recueille des informations sur la façon dont les utilisateurs interagissent avec son site Web. Conformément aux conseils de ses amis, il a récemment remanié sa newsletter, et il a modifié son site pour qu'il soit optimisé pour mobile et séduise les mobinautes.

Quels éléments de l'analyse d'audience doit-il examiner pour mesurer l'efficacité des changements effectués ?

KPI	Oui	Non
Nombre de visites mensuelles sur le site		
Nombre moyen de pages du site consultées par les utilisateurs		
Temps passé sur le site par les visiteurs		
Nombre de personnes cliquant sur les liens inclus dans ses newsletters		
Pourcentage de commandes passées via un smartphone ou une tablette		

Question 9 : Soufiane diffuse une émission de critique de cinéma sur son site web. Il a créé sa première annonce vidéo et identifié quelques sites Web consacrés au cinéma sur lesquels il souhaite la diffuser.

Examinez les différentes idées qu'il a eues pour faire de la publicité, et choisissez celle qui lui permettra de toucher un maximum de fans de cinéma sur plusieurs sites Web.

A	B	C	D
Tweeter le lien de la vidéo vers des sites de cinéma	Demander par e-mail aux propriétaires des sites de diffuser la vidéo	Utiliser un réseau comme le Réseau Display de Google	Partager la vidéo sur Facebook et taguer un maximum de gens

Question 10 : Le site Web de Soufiane, qui propose des podcasts cinéma, génère un trafic important, mais peu d'abonnés.

Il dispose d'un budget suffisant pour créer trois annonces display pour inciter les utilisateurs qui reviennent sur son site à s'abonner (Retargeting)

Il a dressé une liste de groupes cibles qu'il aimerait atteindre avec ses annonces.

Cibles	Oui	Non
Les personnes qui visitent son site		
Les utilisateurs qui recherchent des podcasts concernant la télévision		
Les personnes qui ont commencé (mais pas terminé) leur inscription		
Les utilisateurs qui téléchargent son catalogue		
Les personnes qui publient des commentaires sur les forums de cinéma		

Question 11 : Omar vend des produits cosmétiques artisanaux sur les marchés et souhaite lancer un site d'e-commerce. Il a acquis une solide expérience de vente en direct sur son stand, mais il espère toucher davantage de clients potentiels en ligne.

Pouvez-vous conseiller Omar sur la façon de développer son activité en ligne et hors connexion ?

Actions	Vrai	Faux
Il doit s'efforcer d'appliquer à son audience en ligne les actions marketing hors connexion efficaces qu'il a déjà mises en place.		
Il doit vendre ses produits moins cher sur le site Web afin d'attirer plus de clients.		
Il doit identifier ses différents types d'audience en ligne et hors connexion, et la meilleure manière de susciter leur intérêt.		
Il doit considérer la publicité en ligne payante comme le seul moyen de promouvoir son activité sur le Web.		

Question 12 : Rim dirige une école de danse. Pour améliorer le chiffre d'affaires généré par ses cours, elle étudie comment son équipe marketing pourrait renforcer la présence en ligne de son entreprise.

Dans le cadre de ce "relooking", l'équipe a écouté les commentaires des utilisateurs et analysé les parcours clients. Elle a identifié deux difficultés que rencontrent généralement les clients en ligne :

- La navigation sur le site Web
- La recherche des coordonnées de l'entreprise.

Parmi les points de contact de la marque, lesquels Rim doit-elle modifier pour satisfaire les clients ?

A	B	C	D
La mise en page du site Web	Le compte Instagram	Le blog du professeur de danse	La campagne de marketing par e-mail

Question 13 : Sara a créé une entreprise de boissons protéinées il y a trois ans. Ses produits sont vendus dans différentes salles de sports, mais l'activité de l'entreprise stagne depuis quelques mois. Sara souhaite pénétrer le marché en ligne afin de booster les ventes de ses produits.

Parmi les actions suivantes, lesquelles doit-elle effectuer pour identifier les opportunités de croissance en ligne ?

Actions à effectuer	Oui	Non
Recruter un conseiller financier		
Identifier un argument de vente unique		
Proposer une livraison dans de nouveaux pays		
Réaliser une analyse SWOT		
Distribuer des formulaires de commentaires aux fournisseurs		
Etudier les sites web des concurrents		

Question 14 : Hassan a défini des KPI (indicateurs clés de performance) pour aider les responsables de ses centres de remise en forme à atteindre leur objectif : améliorer la satisfaction globale des clients.

Examinez ces quatre KPI. Selon vous, lesquels sont spécifiques, mesurables, réalistes, pertinents et limités dans le temps, et répondent donc aux critères?

Eléments	Oui	Non
S'assurer que 80 % des clients réservent des séances d'entraînement personnel via le système en ligne du club		
Inciter les clients à dépenser plus au bar à jus du club		
Obtenir un score d'au moins 85 % à la question "Recommanderiez-vous ce club de remise en forme à un ami ?" posée dans le cadre de l'enquête annuelle auprès des clients		
Faire en sorte que 90 % des nouveaux adhérents s'inscrivent à une séance d'intégration dans un délai de deux semaines après leur inscription		

Question 15 : Youssef ouvre un salon de thé et souhaite attirer des clients. Il considère que les moteurs de recherche offrent différents avantages, dont il a dressé la liste ci-dessous.

Parmi ses affirmations, pouvez-vous identifier celle qui est fausse ?

Affirmations	Vraie	Fausse
Les clients peuvent trouver ses produits et services lorsqu'ils font une recherche en ligne.		
Les moteurs de recherche permettent de promouvoir son établissement à l'échelle locale		
Les moteurs l'aident à cibler les personnes qui recherchent déjà son entreprise		
Les utilisateurs voient ses annonces à chaque fois qu'ils utilisent un moteur de recherche		

Question 16 : Le salon de thé de Youssef est unique : il dispose d'un toit-terrasse et d'un coin bibliothèque offrant aux clients la possibilité de lire tout en consommant. De plus, il vend un café en grains assez rare, importé du Pérou. Qu'est-ce qu'il pourrait faire pour rendre son site Web plus pertinent pour les consommateurs qu'il souhaite attirer ?

Actions	Oui	Non
Mettre en avant les spécificités de son établissement		
Rédiger un blog pour faire l'éloge de son café péruvien		
S'assurer que son établissement s'affiche dans Google Maps		
Copier-coller une description de son café péruvien trouvée sur un autre site		
Inciter d'autres passionnés de café à donner leur avis sur son site/entreprise		

Question 17 : Youssef aimerait s'assurer qu'un maximum d'utilisateurs intéressés voient le site Web de son entreprise dans les résultats de recherche.

Pour atteindre cet objectif, à quels points doit-il faire particulièrement attention ?

Eléments	Oui	Non
Noms de fichiers « image »		
Titre des pages		
Mots clés dans le contenu		
Avoir un contenu original		

Question 18 : Les résultats de recherche naturels s'affichent lorsqu'un utilisateur saisit une requête dans un moteur de recherche. Il ne s'agit pas de publicités, et ils ne sont pas payants pour les entreprises.

Parmi les images ci-dessous, laquelle représente les résultats naturels d'une recherche donnée ? Recherche A ou Recherche B.

Question 19 : Youssef envisage de faire la publicité de son activité à l'aide de liens sponsorisés (Référencement payant SEA). D'après vous, pourquoi cette méthode est-elle aussi efficace d'un point de vue marketing ? Parmi les énoncés suivants, lesquels sont vrais ou faux ?

Enoncés	Vrai	Faux
Ses annonces sont présentées aux internautes intéressés par son activité		
Il ne paie que si l'annonce s'affiche dans les résultats de recherche		
Les liens sponsorisés sont mieux visibles sur la page de résultats		
Il ne paie que lorsqu'on clique sur son annonce		

Question 20 : Le site Web de Youssef est opérationnel depuis quelque temps, mais il ne sait pas dans quelle mesure il est efficace pour attirer de nouveaux clients.

Comment la Google Search Console peut-elle l'aider à ce sujet ?

Enoncés	Vrai	Faux
En indiquant si son contenu utilise les meilleurs mots-clés et expressions		
En lui signalant si son site apparaît dans les résultats, mais n'est pas visité		
En lui recommandant de meilleurs contenus de pages		

Question 21 : Afin de développer son entreprise, Mustapha souhaite désormais vendre ses fruits et légumes en ligne. Son site web est actif depuis quelque temps, mais il n'enregistre pas beaucoup de visites ni de commandes en ligne.

Il souhaite améliorer ses résultats dans les moteurs de recherche grâce à l'optimisation du référencement (SEO). Il a écrit toutes les étapes de son plan SEO, mais elles ne sont pas dans le bon ordre. Pouvez-vous les réordonner ?

A	Mettre en place des actions pour améliorer les performances
B	Etudier les mots clés et prendre en considération les thèmes associés
C	Examiner les résultats et ajuster le plan
D	Identifier où apparaît l'annonce dans les résultats pour des mots clés spécifiques.

Question 22 : Mustapha vend des fruits et légumes en ligne, et il utilise l'optimisation du référencement (SEO) pour améliorer son classement dans les résultats des moteurs de recherche. Il a identifié les termes saisis par les utilisateurs pour accéder à son site Web et il a créé du contenu correspondant à ces mots-clés.

Toutefois, Mustapha n'en a pas fini avec le SEO. Il en a discuté avec des amis, qui lui ont donné des conseils sur la suite à donner à son action.

Selon vous, quelles recommandations ne devrait-il **pas** suivre ?

Recommandations	A suivre	A ne pas suivre
Une agence pourrait t'aider à apparaître en tête des résultats naturels		
Ne modifie pas tes mots-clés, ça perturbe les moteurs de recherche		
Tiens-toi informé des mises à jour des moteurs de recherche		
Sois au courant des tendances de ton secteur d'activité pour adapter le contenu de tes pages		
Demande à tes clients ce qu'il manque à ton site, selon eux		

Question 23 : Mustapha cherche à optimiser le référencement de son site Web de vente de fruits et légumes. Il souhaite améliorer ses mots-clés de "longue traîne".

Parmi ces ensembles de termes, lequel inclut un exemple de mots-clés de longue traîne ?

A	Pommes de terre Kénitra
B	Achetez vos pommes de terre dans une ferme familiale
C	Pomme de terre, pommes de terre, pommes de terre de la ferme, pommes de terre bio

Question 24 : Mustapha vend des fruits et légumes en ligne depuis un certain temps.

Il a sélectionné les mots-clés qui devraient lui permettre d'attirer les bonnes personnes sur son site Web. Il doit maintenant analyser les performances de ces mots clés à l'aide d'outils d'analyse.

Quelles informations va-t-il obtenir ?

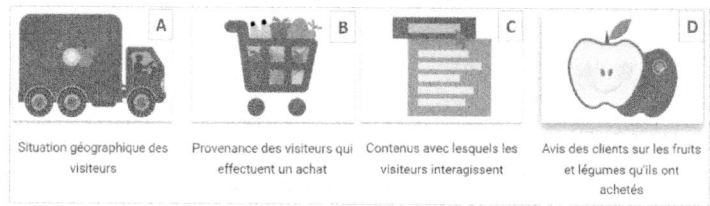

Question 25 : Badr travaille sur son site Web, qui lui permet de vendre les produits de sa ferme. Il réfléchit à différentes méthodes pour améliorer son site afin qu'il apparaisse plus souvent dans les résultats de recherche et qu'il génère plus de trafic.

Parmi les idées suivantes, lesquelles lui permettraient d'améliorer sa visibilité dans les moteurs de recherche ?

Idées	Oui	Non
Écrire des recettes basées sur les légumes qu'il vend		
Obtenir de nombreux "J'aime" et abonnés sur les médias sociaux		
Encourager d'autres utilisateurs à rédiger du contenu à propos de son site		
Ajouter de nombreux liens vers le site Web		

Question 26 : Depuis le lancement de son activité, Badr vend ses produits fermiers au Maroc, mais il commence à recevoir des commandes depuis l'étranger.

Bien décidé à saisir cette opportunité, il a décidé d'adapter son site Web à une audience internationale. Que doit-il éviter de faire ?

Actions	A faire	A ne pas faire
Afficher le contenu dans différentes langues sur des pages distinctes		
Afficher le contenu dans différentes langues sur une même page		
Ajouter des annotations de langue sur son site Web		
Utiliser un service de traduction automatique pour traduire le contenu		

Question 27 : Yasmine est photographe de mariage à Kénitra. Elle souhaite utiliser des liens sponsorisés (SEA) pour attirer des visiteurs sur son site Web.

Où ce dernier s'affichera-t-il si elle utilise des liens sponsorisés ?

Question 28 : Yasmine a créé des annonces pour faire la promotion de sa petite entreprise de photographie de mariage à Kénitra.

Elle souhaite que ses annonces soient conformes aux mots-clés "photographe de mariage Kénitra remise", car elle propose actuellement une réduction de 25 %.

Pouvez-vous classer les titres d'annonce ci-dessous, du meilleur au moins bon en fonction de la correspondance avec les mots-clés ?

A	Photographe de mariage Kénitra
B	Mariage
C	Photographe de mariage à Kénitra, 25% de remise
D	Remise mariage

Question 29 : Afin d'améliorer son Score de Qualité, Yasmine réfléchit aux meilleurs mots-clés et expressions à utiliser.

Quels mots-clés lui recommanderiez-vous de ne **pas** choisir ?

A	Photographie de mariage Kénitra
B	Mariage à kénitra
C	Photographe de mariage professionnel à kénitra

Question 30 : Yasmine, photographe de mariage, veut faire de la publicité sur le Réseau de Recherche pour son activité. Elle souhaite s'assurer que son annonce se démarquera des autres.

Parmi les textes d'annonce suivants, lequel serait le plus efficace ?

A	**Photographie de mariage Kénitra** Remise 25% sur la première commande. Réservez maintenant.
B	**Photos mariage Maroc** Vous voulez des photos de mariage de qualité ? Faites appel à Yasmine, basée à kénitra.
C	**Photographe de mariage** Photographe à kénitra, spécialisée dans les mariages atypiques et en extérieur. 4 ans d'expérience.

Question 31 : Yasmine faisait uniquement des photos de mariage, puis elle a étendu ses prestations à d'autres événements.

Les utilisateurs peuvent la contacter via le formulaire de demande d'informations de son site. Ils peuvent également consulter sa galerie photos et s'inscrire à sa newsletter diffusée par mail. Yasmine souhaite savoir combien de personnes se renseignent sur une prestation photo pour des événements autres que des mariages.

Où doit-elle insérer le code de suivi des conversions ?

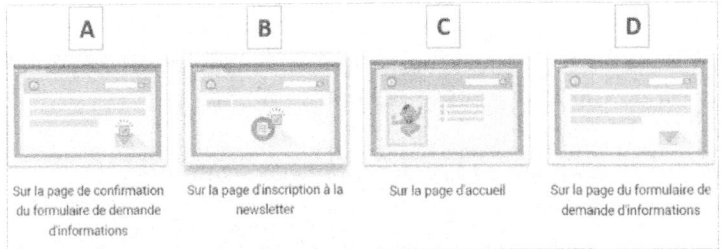

Question 32 : Email Marketing

Imane, gère une boutique en ligne d'articles pour animaux de compagnie, elle pense que l'email marketing pourrait l'aider à développer son activité.

Elle a eu deux bonnes idées, mais elle se trompe sur les deux autres. Pouvez-vous les écarter ?

Idées	Vrai	Faux
Elle pourra informer régulièrement les clients sur ses produits		
Les clients pourront discuter entre eux par e-mail		
Elle pourra envoyer des informations sur les produits pour chiens aux clients qui en ont un		
Les clients pourront lui envoyer un e-mail en cas de problème ou de question		

Question 33 : Imane envisage d'utiliser une solution d'e-mail marketing afin d'envoyer des messages promotionnels pour sa boutique d'accessoires pour animaux.

Quels sont les avantages offerts par ces solutions ?

Avantages	Oui	Non
Elles facilitent l'inscription des utilisateurs aux e-mails marketing		
Elles peuvent vous aider à créer une base de données d'utilisateurs		
Elles rédigent les e-mails à votre place		
Elles permettent d'envoyer facilement des e-mails personnalisés		

Question 34 : Imane rédige un e-mail marketing. Elle souhaite l'envoyer à ses clients qui ont acheté des aliments et des jouets pour chiots dans sa boutique en ligne.

Parmi les lignes d'objet suivantes, laquelle devrait-elle choisir ?

A	MEGA SOLDES sur les aliments pour chiots
B	Economisez $$$$$ sur les aliments pour chiots !!!
C	Bonjour Karima, vous avez un nouveau chiot ?

Question 35 : Imane souhaite savoir comment ses clients réagissent à ses campagnes d'e-mail marketing. Quels types de données analytiques peut-elle s'attendre à obtenir suite à sa récente opération d'e-mail marketing ?

A. Taux d'ouverture   B. Taux de clics   C. Taux de vente   D. Taux de suppression

Question 36 : Achraf gère une boutique en ligne de disques vintage au Maroc. Il souhaite étendre son activité à de nouveaux marchés, mais il ne sait pas par où commencer.

Quels sont les outils du marketing digital qui peuvent l'aider à se décider ?

Outils	Oui	Non
Outils de statistiques d'audience		
Tendances de recherche par zone géographique		
Formalités douanières et règles d'expédition		

Question 37 : Achraf veut s'assurer que son site Web et ses produits sont adaptés au marché portugais. Il a établi une liste de tâches à effectuer en matière de traduction et de localisation.

Parmi les points spécifiés, lesquels font référence à la localisation ?

Actions	Oui	Non
Adaptation des expressions familières pour que les Portugais les comprennent		
Traduction mot à mot en portugais		
Remplacement des témoignages clients en arabe par des avis en portugais		
Adaptation des descriptions humoristiques pour que les Portugais les comprennent		

Question 38 : Maintenant que Achraf a choisi un marché, il doit trouver de nouveaux clients. Il a quelques idées, mais certaines d'entre elles ne lui permettront pas de toucher son audience portugaise.

Pouvez-vous l'aider à écarter les actions publicitaires qui ne lui seront pas utiles ?

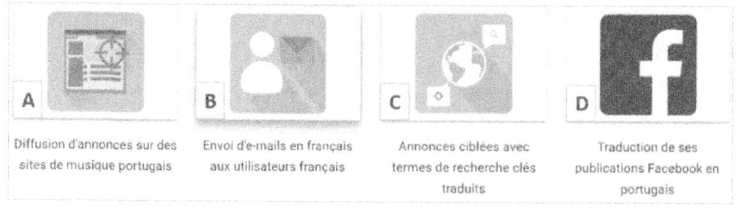

A — Diffusion d'annonces sur des sites de musique portugais
B — Envoi d'e-mails en français aux utilisateurs français
C — Annonces ciblées avec termes de recherche clés traduits
D — Traduction de ses publications Facebook en portugais

Question 39 : Le Portugal est un marché à fort potentiel pour Achraf. Il a cherché les obligations légales à respecter pour vendre des disques au Portugal, mais il n'y en a aucune spécifique.

Toutefois, quels autres points doit-il vérifier sur le plan financier ou en matière de réglementation ?

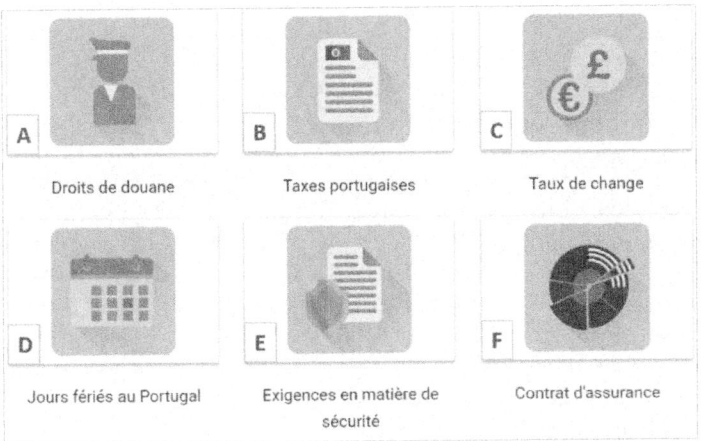

Question 40 : Achraf a constaté que la connexion Internet haut débit était de bonne qualité au Portugal, ce qui est parfait pour accéder à son site Web.

Que doit-il faire **impérativement** maintenant qu'il a des clients sur ce nouveau marché ?

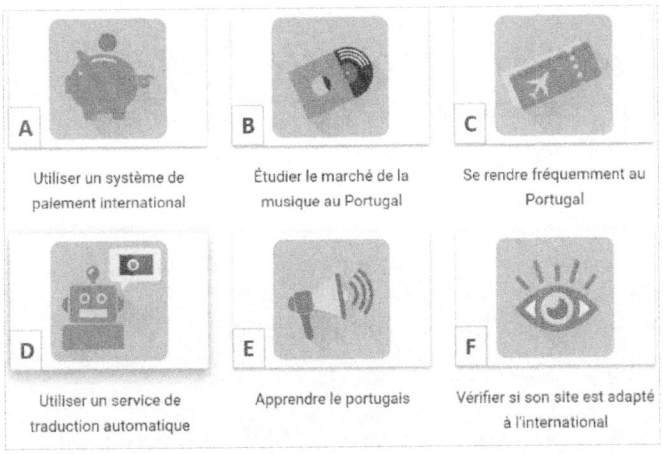

Question 41 : Achraf se prépare à vendre ses disques vintage aux internautes portugais. Toutefois, sa liste de tâches à effectuer comporte une action inutile.

Actions	Utile	Inutile
Se renseigner sur l'étiquetage obligatoire pour les livraisons à l'étranger		
Créer des comptes en portugais sur les réseaux sociaux		
Choisir un prestataire de livraison international		
Mettre en place un service client pour les commandes internationales		

Question 42 : Aya possède un magasin de meubles et commence tout juste à utiliser Internet pour booster ses ventes.

Quelle action pourrait-elle facilement effectuer sur son site Web pour vendre ses produits ?

Actions	Oui	Non
Mettre en ligne son inventaire sur une plateforme d'e-commerce tierce		
Tenir un blog à propos de son secteur d'activité		
Créer un forum afin d'obtenir des commentaires sur les services qu'elle propose		

Question 43 : Aya souhaite créer une boutique en ligne totalement fonctionnelle.

Parmi les options suivantes, pouvez-vous cocher celles qui sont proposées dans la plupart des boutiques de ce type ?

Options	Oui	Non
Gestion des commandes via un système centralisé		
Avis des clients		
Outil de recherche de produits		
Paiements par téléphone via un système d'appels en ligne		

Question 44 : Mohammed est un passionné de gastronomie. Il gère un site Web de cuisine végétarienne, sur lequel il partage ses recettes et vend des spécialités.

Comment pourrait-il toucher ses clients potentiels via la vidéo en ligne ?

Question 45 : Mohammed a créé la recette idéale de lasagnes végétariennes et il souhaite la partager avec le plus grand nombre.

Pouvez-vous l'aider à déterminer où diffuser sa vidéo afin de toucher sa cible le plus efficacement possible ?

A. Dans un e-mail envoyé aux clients qui ont déjà acheté des ingrédients sur son site

B. Dans la section "Cuisine" de YouTube

C. Sur des sites Web qui vendent des ingrédients végétariens

D. Sur son profil personnel sur les médias sociaux

Question 46 : Mohammed met en ligne de nouvelles vidéos.

Que peut-il faire pour qu'elles aient plus de chances d'être partagées et mises en avant ?

Actions	Oui	Non
Les diffuser sur son site Web et sur d'autres sites		
Choisir un titre et des mots-clés utilisés par son audience cible lors des recherches		
Insérer une incitation à l'action, telle qu'une option "Partager"		
Ajouter des hashtags aux vidéos pour les réseaux sociaux		

Question 47 : Mohammed souhaite diffuser davantage d'annonces vidéo.

Il sait que les personnes qui consultent son blog aiment cuisiner chez elles, regarder des émissions télévisées dans lesquelles interviennent des chefs connus, et visionner des cours ou des recettes de cuisine en vidéo. Quels mots-clés devrait-il choisir sur Google Ads ?

Mots clés	Oui	Non
Cuisine à la maison		
Chefs cuisiniers TV		
Vidéos pédagogiques		
Vidéos cuisine		
Chefs cuisiniers		
Emissions télévisées		

Question 48 : Mohammed étudie les données d'analyse relatives à l'audience de son blog gastronomique. Il remarque que la plupart des utilisateurs arrêtent de regarder ses vidéos au bout de 60 secondes. Il a dressé une liste de modifications à effectuer. Pouvez-vous barrer celles que vous considérez comme inefficaces ?

Actions	Utile	Inutile
Modifier la vignette d'aperçu et le titre de la vidéo		
Mettre à jour la description de la vidéo		
Proposer de nouvelles vidéos qui durent moins de 60 secondes		
Examiner les commentaires des utilisateurs		

Question 49 : Zineb tient une boutique de vêtements vintage. Elle a créé une page Instagram et une page Facebook, et elle a mis une affiche à ce sujet dans son magasin afin d'inciter ses clients à la suivre sur ces réseaux. Que peut-elle faire pour fidéliser ses abonnés et en gagner d'autres ?

Actions	Oui	Non
Lancer des conversations avec ses abonnés		
Ajouter des commentaires à tous les posts personnels des abonnés		
Supprimer tous les commentaires négatifs		
Poster régulièrement des messages		
Nommer et dénigrer les concurrents		

Question 50 : Zineb a rédigé différents posts pour ses comptes sur les médias sociaux.

Pouvez-vous désigner le réseau social le mieux adapté à chacun des posts suivants ?

Actions	LinkedIn	Facebook	Instagram
Zineb Vintage recherche un menuisier capable de fabriquer un comptoir sur mesure pour sa boutique de vêtements vintage. Contactez-nous pour plus d'infos.			
J'adore les photos de notre nouvelle collection que mon amie et super photographe Yasmine a prises.			
Super soirée jeudi à partir de 19h00 pour notre premier défilé de mode vintage. Venez nous rendre visite !			

Question 51 : Zineb gère souhaite interagir davantage avec ses clients en ligne.

Actuellement, elle publie des posts sur deux réseaux sociaux, mais elle veut élaborer une stratégie complète pour ces médias.

Pouvez-vous classer dans le bon ordre les actions ci-dessous, en commençant par celle que Zineb doit effectuer en premier ?

#	Actions
A	Créer des comptes sur les sites de médias sociaux appropriés
B	Créer une liste des posts qui seront publiés automatiquement ces prochaines semaines
C	Créer un plan de marketing sur les médias sociaux
D	S'inscrire à une plateforme de gestion des médias sociaux

Question 52 : Zineb a décidé d'utiliser une partie de son budget consacré aux médias sociaux pour diffuser des publicités Facebook ciblées. Sachant qu'elle aimerait vendre ses vêtements vintage dans le monde entier, quels groupes devrait-elle cibler avec ses annonces ?

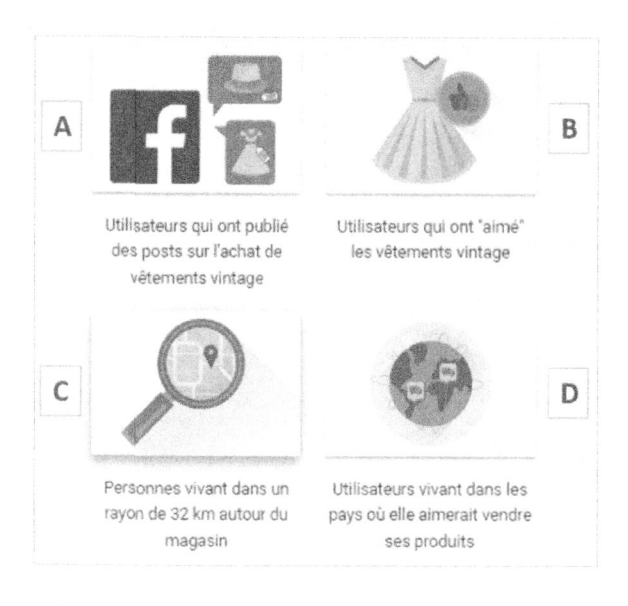

A — Utilisateurs qui ont publié des posts sur l'achat de vêtements vintage

B — Utilisateurs qui ont "aimé" les vêtements vintage

C — Personnes vivant dans un rayon de 32 km autour du magasin

D — Utilisateurs vivant dans les pays où elle aimerait vendre ses produits

Question 53 : Zineb pense qu'un outil d'analyse d'audience lui serait utile pour évaluer les résultats de ses campagnes sur les médias sociaux et elle a bien raison.

Quelles sont les actions que cet outil est capable de faire ?

Actions	Oui	Non
Définir le nombre de visiteurs qui interagissent avec son site Web		
Déterminer comment les visiteurs ont trouvé son site		
Planifier la publication automatique de contenus à des heures précises		
Envoyer des messages personnalisés à des visiteurs spécifiques		

Question 54 : Sur Twitter, Zineb repère un tweet négatif concernant sa boutique de vêtements vintage : **"Robe #ZinebVintage reçue aujourd'hui, fermeture cassée ! #servicenul #problèmevintage"**

Selon vous, comment devrait-elle répondre ?

Réponses	Oui	Non
Sincèrement désolée. Contactez-moi pour que nous réparions la robe dés que possible.		
C'est la première fois que nous avons un problème de fermeture cassée. Vous l'avez peut-être remontée trop vite.		
C'est dommage, ça arrive que les fermetures éclair cassent.		

Question 55 : Il y a deux ans, Lamyae a ouvert son propre salon de beauté. Aujourd'hui, elle cherche à savoir comment booster la notoriété de son entreprise sur le Web grâce au marketing de contenu. En quoi le marketing de contenu peut-il l'aider ?

Réponses	Oui	Non
Il peut l'aider à trouver des fournisseurs moins chers.		
Il peut l'aider à renforcer l'identité de sa marque.		
Il peut l'aider à comprendre les préférences d'achat de ses clients.		
Il peut l'aider à interagir avec la bonne audience.		

Question 56 : Hassan est mécanicien et possède un petit garage. Il est aussi un blogueur enthousiaste et il écrit d'excellents articles sur sa passion : les voitures. Il pensait que son blog lui permettrait d'attirer plus de fans d'automobile dans son garage. Toutefois, ses articles ne sont pour l'instant pas très populaires et sont rarement partagés sur les médias sociaux.

Il s'est renseigné sur la façon d'améliorer son blog et il a dressé la liste de plusieurs mesures à prendre, mais il a du mal à établir un ordre de priorité. Pouvez-vous l'aider en classant les actions suivantes dans le bon ordre ?

#	Actions
A	Segmenter l'audience en groupes
B	Publier le contenu et en faire la promotion auprès de son audience
C	Identifier son audience
D	Créer des contenus spécifiques ciblant ces profils d'audience

Question 57 : Soufiane fait partie de l'équipe chargée du marketing de contenu chez Sportmax, une chaîne de magasins de sport. Le contenu qu'il produit doit susciter l'intérêt des nouveaux clients tout en apportant des informations utiles aux clients existants.

Parmi les propositions suivantes, laquelle séduirait le mieux les deux audiences ?

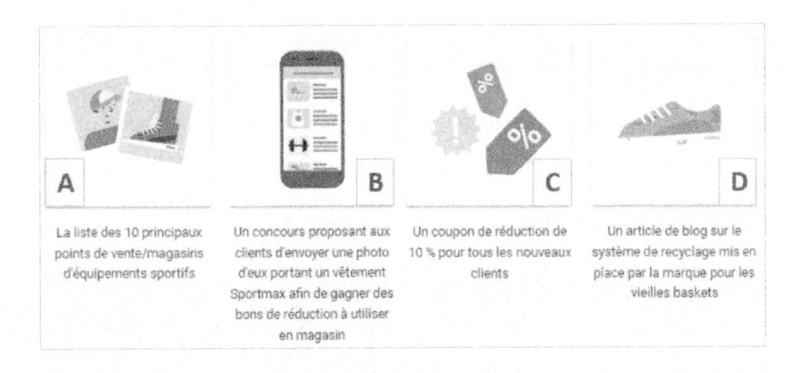

A	B	C	D
La liste des 10 principaux points de vente/magasins d'équipements sportifs	Un concours proposant aux clients d'envoyer une photo d'eux portant un vêtement Sportmax afin de gagner des bons de réduction à utiliser en magasin	Un coupon de réduction de 10 % pour tous les nouveaux clients	Un article de blog sur le système de recyclage mis en place par la marque pour les vieilles baskets

Question 58 : Sami, décorateur d'intérieur, a décidé de rédiger des articles de blog et de les partager sur les médias sociaux pour faire la promotion de sa nouvelle activité. Il a dressé la liste de tous les éléments à prendre en compte lorsqu'il écrit ses articles, mais certains d'entre eux ne sont pas corrects. Pouvez-vous l'aider en indiquant les points de la liste qui vous semblent appropriés ?

Réponses	Oui	Non
Se concentrer sur l'audience cible		
Écrire seulement sur les produits ou services que je propose		
Adopter un ton et un style d'écriture cohérents		
Ajouter l'accroche à la fin de l'article de blog		
Rédiger des articles longs de préférence		

Question 59 : Oumaima est une étudiante en école de commerce qui travaille au service marketing d'un hôtel pendant la période estivale. Elle est chargée de créer des contenus et d'en faire la promotion sur les différents canaux en ligne de l'hôtel. Que doit-elle faire, et dans quel ordre ?

#	Actions
A	Déterminer la nature des contenus et planifier leur création en fonction de l'audience cible
B	Faire la promotion des contenus
C	Etudier tous les canaux disponibles
D	Publier des contenus
E	Créer des contenus

Question 60 : Karima possède une animalerie à Kénitra et rédige des articles de blog amusants sur les animaux domestiques. Elle les publie sur son site Web, mais elle en fait aussi la promotion sur les médias sociaux. **Elle souhaite accroître les ventes** de ses produits grâce à des actions de marketing de contenu. Parmi les statistiques suivantes, laquelle est la plus pertinente pour identifier les articles de blog qui favorisent **l'augmentation de son chiffre d'affaires ?**

Réponses	Oui	Non
Temps passé par les utilisateurs sur chaque article de blog		
Identification des sites Web redirigeant du trafic vers son blog		
Nombre de nouveaux abonnés à sa liste de marketing par e-mail		
Nombre de personnes cliquant sur l'incitation à l'action "Acheter maintenant" à la fin de chaque article de blog		

Question 61 : Salma gère une boutique de vélos. Si elle faisait de la publicité en ligne, elle pourrait toucher des clients potentiels dans de nombreux pays différents.

Mais ce n'est pas son but. Avec ses annonces, elle souhaite cibler les personnes situées à proximité de sa boutique.

Quelle méthode doit-elle adopter pour atteindre cet objectif ?

Réponses	Oui	Non
Diffuser ses annonces dans un rayon de 16 km autour du magasin		
Diffuser ses annonces pendant les horaires d'ouverture du magasin		
Adapter ses annonces aux utilisateurs locaux		
Distribuer des flyers et des cartes de visite dans les magasins des environs		

Question 62 : Salma gère une boutique de vélos. Comme elle sait qu'un grand nombre de ses clients utilisent un smartphone équipé d'un GPS, elle a investi dans une application mobile qui utilise cette technologie.

Elle a déjà quelques idées sur la façon dont elle pourrait utiliser l'application pour susciter l'intérêt de ses clients. Pouvez-vous écarter celles qui ne nécessitent pas la fonctionnalité GPS ?

Réponses	Oui	Non
Envoyer des alertes lorsque des utilisateurs se trouvent à proximité du magasin		
Informer sur des événements promotionnels (révision gratuite, par exemple)		
Orienter les clients vers le magasin de Salma		
Envoyer des coupons personnalisés aux clients fidélisés		

| Permettre aux clients de prendre rendez-vous pour une réparation | | |

Question 63 : Propriétaire d'un magasin de vélos, Salma souhaite que son site Web soit intéressant pour les clients locaux.

Elle est en train de préparer des contenus pour son blog, qui lui permettront de gagner en visibilité lors des recherches sur des magasins à proximité.

Elle a eu l'idée de rédiger un article sur des cyclistes célèbres (Réponse A) et un autre sur des courses de vélo populaires dans la région (Réponse B).

Selon vous, quel article devrait-elle publier **en premier** ? A ou B ?

Question 64 : Karim possède un magasin de vélos et souhaite attirer davantage l'attention des personnes situées à proximité.

Pour communiquer auprès des utilisateurs en ligne, il décide de créer une fiche dans un annuaire local comme Google My Business.

Aidez-le à choisir les informations qu'il doit **au minimum** spécifier.

Réponses	Oui	Non
Vélos Karim		
5, Rue abdelkrim khettabi, maamora, kénitra		
Numéro de tel : 05.37.23.24.25		
Ouvert du lundi au Samedi de 9h à 17h		
Photo d'un vélo		

Question 65 : Reda est plombier à Kénitra. Son site Web est adapté aux mobiles, mais il aimerait améliorer sa visibilité sur la page de résultats lorsqu'un utilisateur effectue une recherche.

Selon vous, quels mots-clés seraient les plus efficaces pour optimiser son référencement sur les mobiles ?

Réponses	Oui	Non
Robinet qui fuit		
Evier bouché		
Plombier à proximité		
Comment réparer une canalisation qui fuit dans une salle de bain		

Il n y a plus de pression, comment réparer moi même		

Question 66 : Après une légère baisse d'activité, Reda souhaite diffuser une campagne sur les médias sociaux pour présenter ses nouveaux services de plomberie.

Il veut être certain de cibler la bonne audience.

Quels paramètres doit-il utiliser pour définir sa cible ?

Réponses	Oui	Non
Âge, centres d'intérêt, zone géographique		
Débit internet, âge, centres d'intérêt, couleur de cheveux, zone géographique, situation professionnelle.		
Statut marital, sexe, centres d'intérêt, âge		

Eléments de réponse
Partie I

Question 1 : A, B, C, E, F

Développer son activité sur Internet offre tous ces avantages intéressants (sauf les économies sur la facture de chauffage).

Une présence en ligne permet de toucher de nouveaux prospects et d'établir de meilleures relations avec les clients existants.

On peut vendre ses produits ou services au niveau local et/ou international, et utiliser des outils d'analyse perfectionnés pour connaître précisément les attentes et les besoins des consommateurs.

Question 2 : A, B, C, E

Grâce au Web, Hassan peut optimiser la visibilité de son entreprise et utiliser des annonces ciblées afin de promouvoir ses services au niveau local, dans sa zone de chalandise. Il peut échanger avec ses clients potentiels et obtenir des renseignements sur leur comportement.

Avoir une présence sur le Web ne signifie pas forcément qu'il doit moins discuter avec ses clients, car son activité implique de nombreux échanges en face-à-face. En revanche, les utilisateurs qui recherchent un mécanicien le trouveront en premier.

Il peut moderniser le logo de son entreprise à tout moment, ce qui n'est pas forcément lié à sa présence sur le Web.

Question 3 : A, B, D

En étant présent sur le Web, M. Tahiri peut attirer des clients dans son nouveau salon, recueillir leurs avis et informer tous les utilisateurs de ses nouveaux horaires.

En revanche, cela ne lui permettra pas forcément d'acheter une nouvelle gamme de produits.

Question 4 : A --- 4 / B --- 1 / C --- 3 / D --- 2

Question 5 :

Actions	Vrai	Faux
Acheter de l'espace publicitaire sur une page de résultats de recherche	X	
Enchérir sur des mots-clés pour afficher son contenu dans les moteurs de recherche	X	
Ajouter des tags aux mots-clés dans le contenu de son site Web		X
Optimiser la conception de son site Web		X

Si une entreprise souhaite utiliser des liens sponsorisés, elle doit payer pour participer à une mise aux enchères. Elle enchérit ensuite pour un espace publicitaire, et l'annonceur qui l'emporte peut alors diffuser son annonce sur le Réseau de Recherche.

Le marquage de mots-clés dans un contenu permettra à un site Web d'avoir plus de chances d'apparaître dans les premiers résultats du moteur de recherche. C'est ce que nous appelons l'optimisation du référencement (SEO). Tahiri peut utiliser cette méthode gratuite pour toucher davantage de clients potentiels.

En revanche, elle ne lui permettra pas d'obtenir un espace publicitaire ni d'optimiser la conception de son site Web gratuitement.

Question 6 : Les outils d'analyse peuvent donner beaucoup de renseignements à Tahiri sur la façon dont les internautes interagissent avec son site Web. Il peut, par exemple, savoir quelles sont les sections les plus consultées et connaître l'origine géographique des utilisateurs. Toutefois, si les outils d'analyse n'interrogent pas les utilisateurs, ils ne peuvent pas déterminer ce qui leur déplaît en particulier.

Grâce à ces données, Tahiri peut tirer des conclusions, puis adapter sa stratégie. Par exemple, si de nombreuses personnes accèdent à son site sur un appareil mobile, il peut vérifier que son site est optimisé pour les smartphones, ou diffuser des annonces display pour les smartphones.

Méthodes	Oui	Non
Indiquer les pages Web les plus consultées	X	
Identifier les éléments du site sur lesquels les internautes cliquent	X	
Répertorier les sections du site Web qui déplaisent aux utilisateurs		X
Identifier l'origine géographique des visiteurs qui se connectent	X	

Question 7 : B, C

Avant de prendre des mesures radicales (par exemple, accroître la fréquence d'envoi des newsletters ou ne plus en envoyer du tout), Tahiri doit examiner la situation afin de comprendre pourquoi les utilisateurs se désabonnent.

Combien de newsletters envoie-t-il chaque semaine ? Est-ce trop ? Pourrait-il améliorer le contenu ?

M. Tahiri doit s'efforcer d'améliorer la qualité des newsletters et vérifier ensuite si le nombre de désabonnements diminue.

Question 8 : M. Tahiri ne doit pas s'intéresser en priorité au nombre de visites sur le site ni au temps que les utilisateurs y passent. De même, le nombre moyen de pages consultées n'a pas une grande importance.

En revanche, il doit surveiller des objectifs spécifiques, tels que le pourcentage de commandes passées à partir d'un smartphone ou le nombre d'utilisateurs qui cliquent sur le contenu de ses newsletters.

Ces données sont beaucoup plus pertinentes, car elles fournissent des informations sur les nouveaux éléments qu'il a récemment mis en place dans son entreprise.

KPI	Oui	Non
Nombre de visites mensuelles sur le site		X
Nombre moyen de pages du site consultées par les utilisateurs		X
Temps passé sur le site par les visiteurs		X
Nombre de personnes cliquant sur les liens inclus dans ses newsletters	X	
Pourcentage de commandes passées	X	

| via un smartphone ou une tablette | | |

Question 9 : C

Les réseaux publicitaires tels que le Réseau Display de Google ou Yahoo! offrent à Soufiane un moyen particulièrement rentable et efficace d'attirer l'attention de sites Web spécifiques. Ces réseaux s'occupent de trouver des espaces publicitaires sur les sites et d'effectuer les paiements pour que l'annonceur n'ait rien à gérer.

Soufiane peut aussi tweeter le lien vers sa vidéo et publier celle-ci sur son profil Facebook, mais cela risque de lui prendre du temps. Lorsque son action publicitaire s'intensifiera, il pourra rencontrer des difficultés pour suivre l'évolution de chaque site.

Il a probablement tout intérêt à utiliser un service dédié et à consacrer son temps au développement de son entreprise.

Question 10 :

Cibles	Oui	Non
Les personnes qui visitent son site	X	
Les utilisateurs qui recherchent des podcasts concernant la télévision		X
Les personnes qui ont commencé (mais pas terminé) leur inscription	X	
Les utilisateurs qui téléchargent son catalogue	X	
Les personnes qui publient des commentaires sur les forums de cinéma		X

Le reciblage publicitaire permet de faire revenir des clients potentiels sur un site.

Une annonce personnalisée incitant l'utilisateur à revenir ne serait pas pertinente pour les personnes qui recherchent les mots-clés "podcasts TV", car elles n'ont jamais visité le site Web de Soufiane. Il en va de même pour les visiteurs de forums consacrés au cinéma. Soufiane devrait utiliser une autre annonce pour cibler ces deux audiences.

En revanche, les visiteurs de la page d'accueil, ceux qui ont débuté la procédure d'inscription et ceux qui ont téléchargé le catalogue connaissent tous le site. Il peut donc les recibler afin de les faire revenir.

Question 11 :

Actions	Vrai	Faux
Il doit s'efforcer d'appliquer à son audience en ligne les actions marketing hors connexion efficaces qu'il a déjà mises en place.		X
Il doit vendre ses produits moins cher sur le site Web afin d'attirer plus de clients.		X
Il doit identifier ses différents types d'audience en ligne et hors connexion, et la meilleure manière de susciter leur intérêt.	X	
Il doit considérer la publicité en ligne payante comme le seul moyen de promouvoir son activité sur le Web.		X

La décision d'afficher si rapidement des prix moins élevés sur le site Web peut s'avérer risquée. Même si certains détaillants adoptent cette approche, les autres alignent leurs prix. Sachant qu'Omar débute dans l'e-commerce, il prendra moins de risques s'il affiche les mêmes prix en ligne et hors connexion pour commencer.

Il doit identifier tous les types d'audience pour lui permettre de décider quand susciter leur intérêt et quel message leur transmettre. Il aura ainsi plus de chances de développer son activité en ligne.

Enfin, même si la publicité en ligne payante peut constituer un canal efficace, Omar doit envisager toutes les options possibles et identifier celle qui correspond le mieux aux besoins de sa petite entreprise.

Question 12 : A, D

Les utilisateurs ont éprouvé des difficultés pour parcourir le site Web. Rim et son équipe doivent donc déterminer comment améliorer sa conception et sa mise en page. Les utilisateurs ont aussi eu du mal à trouver les coordonnées de l'entreprise.

Pour que ces informations soient plus visibles, Rim peut créer une page "Nous contacter" claire et inclure les coordonnées au bas de chaque page. Elle peut aussi les intégrer dans ses campagnes de marketing par e-mail, ce qui permettra aux utilisateurs de contacter l'entreprise sans même visiter le site Web.

Question 13 :

Un argument de vente unique pertinent peut permettre à Sara d'attirer de nouveaux clients en ligne. Le fait de proposer une offre unique est un moyen efficace de se démarquer dans un marché déjà surchargé.

Sara peut aussi étudier l'offre de ses concurrents pour déterminer ce qui fonctionne et ce qui ne donne pas de résultats. Elle disposera ainsi d'un aperçu plus large du marché. Elle pourra identifier des opportunités potentielles qui lui permettront d'élaborer une stratégie pour le développement de sa propre entreprise.

Une analyse SWOT (Forces/Faiblesses, Opportunités/Menaces) lui permettra d'identifier les opportunités de développement pour son entreprise, mais aussi les points faibles auxquels elle pourrait remédier.

Actions à effectuer	Oui	Non
Recruter un conseiller financier		X
Identifier un argument de vente unique	X	
Proposer une livraison dans de nouveaux pays		X
Réaliser une analyse SWOT	X	
Distribuer des formulaires de commentaires aux fournisseurs		X
Etudier les sites web des concurrents	X	

Question 14 : Le 1er élément n'est pas limité dans le temps, le 2ème n'est ni limité dans le temps ni mesurable.

Eléments	Oui	Non
S'assurer que 80 % des clients réservent des séances d'entraînement personnel via le système en ligne du club		X
Inciter les clients à dépenser plus au bar à jus du club		X

Obtenir un score d'au moins 85 % à la question "Recommanderiez-vous ce club de remise en forme à un ami ?" posée dans le cadre de l'enquête annuelle auprès des clients	X	
Faire en sorte que 90 % des nouveaux adhérents s'inscrivent à une séance d'intégration dans un délai de deux semaines après leur inscription	X	

Question 15 :

Affirmations	Vraie	Fausse
Les clients peuvent trouver ses produits et services lorsqu'ils font une recherche en ligne.	X	
Les moteurs de recherche permettent de promouvoir son établissement à l'échelle locale	X	
Les moteurs l'aident à cibler les personnes qui recherchent déjà son entreprise	X	
Les utilisateurs voient ses annonces à chaque fois qu'ils utilisent un moteur de recherche		X

Les moteurs de recherche permettent aux utilisateurs de trouver le produit ou service dont ils ont besoin, au moment précis où ils le souhaitent. Ils peuvent aussi aider les entreprises à cibler les personnes les plus intéressées par leurs offres.

Ces avantages combinés expliquent en quoi la publicité sur les moteurs de recherche est si intéressante pour la plupart des entreprises : elle leur permet d'être visibles au moment où leurs clients potentiels recherchent leurs produits ou services.

Question 16 :

Actions	Oui	Non
Mettre en avant les spécificités de son établissement	X	
Rédiger un blog pour faire l'éloge de son café péruvien	X	
S'assurer que son établissement s'affiche dans Google Maps	X	
Copier-coller une description de son café péruvien trouvée sur un autre site		X
Inciter d'autres passionnés de café à donner leur avis sur son site/entreprise	X	

Toutes ces techniques peuvent permettre à Youssef d'optimiser la pertinence de son site Web, sauf celle qui consiste à copier-coller du contenu depuis un autre site. Si plusieurs sites proposent le même contenu, aucun d'entre eux ne pourra facilement se démarquer dans les résultats de recherche.

Chaque moteur de recherche a sa propre méthode pour classer les sites, dont les détails sont soigneusement tenus secrets.

Toutefois, on peut supposer que toutes les idées proposées par Youssef ci-dessus (sauf celle du copier-coller) auront un effet positif sur sa visibilité dans les résultats de recherche.

Question 17 : Si vous utilisez des libellés précis pour vos images, les moteurs de recherche les affichent plus facilement lorsque des utilisateurs effectuent des recherches pertinentes. Le choix d'un nom de fichier générique (par exemple, image3.jpg) peut être contre-productif, car il est peu probable qu'il apparaisse lors d'une recherche spécifique.

De la même manière, l'utilisation de titres de pages précis facilite l'affichage des sites Web dans les résultats de recherche pertinents.

Enfin, si Youssef choisit des mots-clés que ses clients potentiels sont susceptibles de saisir dans le champ de recherche (comme "commerce équitable" ou "cappuccino"), son site aura plus de chances d'apparaître dans les résultats.

Eléments	Oui	Non
Noms de fichiers « image »	X	
Titre des pages	X	
Mots clés dans le contenu	X	
Avoir un contenu original	X	

Question 18 : Recherche B

Les résultats de recherche naturels correspondent à la principale liste de résultats qui s'affiche dans un moteur de recherche. Ils représentent généralement l'essentiel du contenu de la page de résultats. Les entreprises n'ont aucun frais à payer pour y apparaître.

Question 19 :

Enoncés	Vrai	Faux
Ses annonces sont présentées aux internautes intéressés par son activité	X	
Il ne paie que si l'annonce s'affiche dans les résultats de recherche		X
Les liens sponsorisés sont mieux visibles sur la page de résultats	X	
Il ne paie que lorsqu'on clique sur son annonce	X	

Avec les liens sponsorisés, vous pouvez cibler les personnes qui recherchent déjà un type de produit ou de service spécifique. Cela signifie que les publicités de Youssef seront présentées aux internautes déjà susceptibles de se rendre dans son magasin.

Les résultats de recherche naturels et les liens sponsorisés ont le même contenu. Toutefois, ces derniers occupent une position différente sur la page. De plus, il est généralement clairement annoncé aux internautes qu'il s'agit d'annonces ou de résultats payants. Il n'y a donc pas d'ambiguïté, car ils savent qu'ils cliquent sur une publicité.

Cette solution offre un avantage de taille à Youssef : des frais ne lui sont facturés que si les utilisateurs cliquent sur son annonce, et non en fonction du nombre d'affichages dans les résultats de recherche.

Question 20 : Youssef a tout intérêt à utiliser le rapport "Analyse de la recherche" de la Google Search Console. Ainsi, il saura s'il utilise les bons mots-clés sur son site Web pour que ce dernier s'affiche dans les résultats lors des recherches effectuées par ses clients potentiels. Il peut également vérifier si le fait d'apparaître dans ces résultats génère des visites de prospects sur son site Web.

La Google Search Console peut lui recommander de meilleurs titres de pages, mais pas des contenus plus efficaces. Cet outil ne lui permet pas non plus d'identifier le type d'utilisateur qui effectue habituellement des recherches sur des entreprises comme la sienne.

La Google Search Console fournit à Youssef des informations qu'il peut examiner. Dans certains cas, comme dans le rapport sur l'ergonomie mobile, il fournit des recommandations sur la façon de résoudre les problèmes.

Enoncés	Vrai	Faux
En indiquant si son contenu utilise les meilleurs mots-clés et expressions	X	
En lui signalant si son site apparaît dans les résultats, mais n'est pas visité	X	
En lui recommandant de meilleurs contenus de pages		X

Question 21 : B, D, A, C

Tout d'abord, Mustapha doit étudier les mots clés et prendre en considération les thèmes associés. Il saura ainsi ce que les utilisateurs recherchent.

Ensuite, il doit déterminer où il apparaît dans les résultats de recherche pour ces mots clés. Si le plan comporte des lacunes (c'est-à-dire, si certains mots clés ne génèrent pas de trafic vers le site), Mustapha doit mettre en place des actions pour les corriger et améliorer ses performances en termes de SEO.

Il doit fixer des dates limites pour chaque tâche tout au long de l'année, puis examiner les résultats et ajuster le plan si nécessaire.

Question 22 : L'optimisation du référencement doit être effectuée en continu, car les tendances et les moteurs de recherche évoluent.

Vous devez donc affiner vos mots-clés au fil du temps et ne pas supposer que, si une stratégie fonctionne, il faut continuer à l'utiliser éternellement. Au contraire, adaptez-vous au fonctionnement des moteurs de recherche et à leur évolution.

Inspirez-vous des autres sites Web et n'oubliez pas de demander leur avis aux utilisateurs.

Sachez qu'aucune agence ne peut vous garantir la meilleure position dans les résultats naturels. Si vous recevez une telle proposition, c'est probablement une escroquerie.

Recommandations	A suivre	A ne pas suivre
Une agence pourrait t'aider à apparaître en tête des résultats naturels		X
Ne modifie pas tes mots-clés, ça perturbe les moteurs de recherche		X
Tiens-toi informé des mises à jour des moteurs de recherche	X	
Sois au courant des tendances de ton secteur d'activité pour adapter le contenu de tes pages	X	
Demande à tes clients ce qu'il manque à ton site, selon eux	X	

Question 23 : B

Dans le domaine du SEO, la longue traîne désigne les expressions longues qui correspondent spécifiquement à l'un de vos produits ou services.

Elles sont associées à un faible volume de recherches et sont donc confrontées à une concurrence moins élevée. Par conséquent, il y a plus de chances qu'elles soient pertinentes par rapport aux requêtes de l'utilisateur.

Question 24 : A, B et C

Les outils d'analyse sont particulièrement utiles pour répondre aux questions suivantes : quelle est l'efficacité d'un contenu ? Qui visite le site et devient un client ? Avec quels contenus les visiteurs interagissent-ils ?

Mustapha pourra obtenir la plupart de ces informations, mais il ne saura pas si ses clients apprécient les fruits et légumes qu'ils ont achetés dans sa boutique en ligne.

Question 25 :
Badr doit déployer beaucoup d'efforts pour obtenir des liens retours, c'est-à-dire des liens pointant vers son site qui figurent sur d'autres sites Web (**Backlinks**). Pour cela, il doit produire des contenus de qualité (par exemple, rédiger des recettes). Il peut également inciter d'autres éditeurs à écrire des articles ou d'autres textes à propos de son entreprise.

Les médias sociaux peuvent être efficaces pour améliorer sa visibilité, mais pas le classement de son site dans les moteurs de recherche, car ces derniers ne tiennent pas compte du nombre de "J'aime" ou d'abonnés qu'il a obtenus.

Badr doit éviter de créer des liens artificiels vers son site Web.

Idées	Oui	Non
Écrire des recettes basées sur les légumes qu'il vend	X	
Obtenir de nombreux "J'aime" et abonnés sur les médias sociaux		X
Encourager d'autres utilisateurs à rédiger du contenu à propos de son site	X	

Ajouter de nombreux liens vers le site Web		X

Question 26 : En matière de référencement, la meilleure pratique consiste à créer différentes pages pour chaque langue qu'on souhaite proposer sur son site Web. Ainsi, le site aura toutes les chances d'être correctement indexé dans les moteurs de recherche.

Badr doit éviter d'inclure des contenus dans différentes langues sur une même page, car le moteur de recherche ne pourra pas déterminer dans quelle langue ils sont rédigés.

Le résultat d'une traduction automatique étant parfois considéré comme du spam, nous lui conseillons également de ne pas utiliser ce type d'outil.

Enfin, les annotations de langue sont utiles, car elles aident les moteurs de recherche à afficher le contenu le plus adéquat pour l'utilisateur d'un pays donné.

Actions	A faire	A ne pas faire
Afficher le contenu dans différentes langues sur des pages distinctes	X	
Afficher le contenu dans différentes langues sur une même page		X
Ajouter des annotations de langue sur son site Web	X	
Utiliser un service de traduction automatique pour traduire le contenu		X

Question 27 : A

Un moteur de recherche affiche deux types de résultats : des annonces payantes et des résultats "naturels". Ces derniers apparaissent dans la liste principale de la page.

Les annonces payantes sont diffusées en haut et/ou sur le côté droit de la page. Si Yasmine décide de payer sa publicité, son site Web s'affichera dans ces résultats.

Question 28 : C, A, D, B

Lorsque vous diffusez des annonces sur un moteur de recherche, la "qualité" de leurs titres est primordiale. Ils doivent être parfaitement conformes aux mots-clés que vous ciblez.

Dans cet exemple, le titre "Photographe de mariage à Kénitra, 25 % de remise" correspond parfaitement aux mots-clés ciblés. Il bénéficiera du meilleur score de qualité.

Question 29 : B et C

Lorsqu'elle choisit ses mots-clés, Yasmine doit tenir compte de la pertinence, du trafic et de la concurrence. Le mot-clé "Mariages Kénitra" n'est pas assez pertinent, car il peut faire référence à différents aspects d'un mariage.

L'expression "Photographe de mariage professionnel à Kénitra" est trop spécifique et assez longue à saisir. Il est donc peu probable qu'elle génère beaucoup de trafic.

Question 30 : A

Votre annonce doit se démarquer des autres.

Voici les avantages qu'offre la meilleure proposition : le titre est similaire aux termes que les utilisateurs sont susceptibles de rechercher, la remise de 25 % attire l'attention des clients potentiels, et l'annonce inclut une incitation à l'action claire et percutante (CTA).

Question 31 : A

Yasmine doit insérer le code sur la page de confirmation de la demande d'informations.

Si elle ajoute le code de suivi des conversions à la page qui s'affiche une fois que l'utilisateur a envoyé sa demande de renseignements, elle saura quand un client potentiel a précisément effectué cette action. Ainsi, elle pourra bien les distinguer de ceux qui ont consulté la page de demande d'informations, mais qui ont décidé de ne pas envoyer de message.

Une fois le code inséré, Yasmine reçoit des rapports lui indiquant combien de conversions ont été générées sur son site.

Question 32 : Vous pouvez utiliser l'e-mail marketing pour informer les clients sur les produits et les promotions, et même pour envoyer des bons de réduction et des offres spéciales. Si vous connaissez les préférences des clients concernant les produits, vous pouvez personnaliser le contenu des messages.

L'e-mail marketing ne permet pas aux clients de communiquer entre eux. De plus, ces derniers ne peuvent pas répondre aux messages en exposant leurs problèmes ou requêtes, car les e-mails sont généralement envoyés à partir d'une adresse n'acceptant pas les réponses. Il est préférable de leur communiquer l'adresse du service client.

Idées	Vrai	Faux
Elle pourra informer régulièrement les clients sur ses produits	X	
Les clients pourront discuter entre eux par e-mail		X
Elle pourra envoyer des infos sur les produits pour chiens aux clients qui en ont un	X	
Les clients pourront lui envoyer un e-mail en cas de problème ou de question		X

Question 33 :

Avantages	Oui	Non
Elles facilitent l'inscription des utilisateurs aux e-mails marketing	X	
Elles peuvent vous aider à créer une base de données d'utilisateurs	X	

Elles rédigent les e-mails à votre place		X
Elles permettent d'envoyer facilement des e-mails personnalisés	X	

Les solutions d'e-mail marketing peuvent personnaliser automatiquement vos messages en incluant le nom de votre client potentiel. Toutefois, elles ne sont pas encore assez perfectionnées pour écrire l'intégralité du message à votre place !

Certaines solutions sont gratuites, d'autres sont payantes.

Question 34 : C

La meilleure proposition utilise le nom du client, ainsi qu'une question pertinente ou une formule intéressante pour attirer son attention. De plus, elle doit être courte et accrocheuse.

Les propositions les moins efficaces (réponses 1 et 2) ne sont pas très attrayantes. L'utilisation de nombreux symboles "dollars" et points d'exclamation peut donner l'impression que vous êtes excessivement insistant et que vous manquez de professionnalisme. De plus, la plupart des fournisseurs de messagerie envoient automatiquement ce type de message dans le dossier des spams.

Question 35 : A, B

Grâce aux outils d'analyse, Imane peut savoir combien de ses e-mails sont ouverts par les utilisateurs (taux d'ouverture) et combien de personnes cliquent sur les liens inclus dans les messages (taux de clic). Elle peut également connaître le nombre de ventes générées par ses e-mails.

En revanche, l'analyse n'indique pas à Imane à quelle fréquence ses e-mails sont directement envoyés à la corbeille par ses clients potentiels.

Question 36 :

Outils	Oui	Non
Outils de statistiques d'audience	X	
Tendances de recherche par zone géographique	X	
Formalités douanières et règles d'expédition		X

Achraf peut identifier les marchés les plus intéressants pour son entreprise grâce à des outils professionnels utiles, tels que l'analyse d'audience, les rapports sur les tendances et les données géographiques. Il peut ainsi affiner sa recherche afin de sélectionner les marchés dans lesquels la demande de vinyles vintage est la plus forte.

Une fois qu'il a choisi un nouveau marché, Achraf peut utiliser des services de traduction pour adapter son site Web à ses clients étrangers.

Question 37 : La traduction consiste à retranscrire le contenu dans une autre langue.

Quant à la localisation, elle vise à adapter le contenu à une autre culture. Il s'agit, par exemple, de supprimer ou de réécrire les expressions courantes, les tournures idiomatiques ou le contenu humoristique. Plus généralement, le but est d'adapter le site aux besoins du nouveau marché.

La localisation peut également consister à modifier des éléments comme la devise, les adresses et les références culturelles afin de rendre le contenu conforme au marché local.

Actions	Oui	Non
Adaptation des expressions familières pour que les Portugais les comprennent	X	
Traduction mot à mot en portugais		X
Remplacement des témoignages clients en arabe par des avis en portugais	X	
Adaptation des descriptions humoristiques pour que les Portugais les comprennent	X	

Question 38 : B

Achraf peut diffuser des annonces lorsque les internautes recherchent des mots-clés ou expressions (""33 tours de collection"", par exemple) en portugais. Nous lui recommandons de faire vérifier la traduction de ses mots-clés par une personne dont le portugais est la langue maternelle.

L'envoi d'e-mails en français, ou en arabe pourrait améliorer sa notoriété au niveau local, mais cette démarche ne sera pas très efficace pour attirer l'attention des clients portugais potentiels.

Faire de la publicité sur Facebook est une bonne idée, mais il devra faire appel à un lusophone pour gérer sa page. Sinon, il ne pourra pas engager de conversations pertinentes avec ses fans portugais.

Question 39 : A, B, C, E, F

Avant de déterminer s'il parviendrait à atteindre ses objectifs de croissance en développant ses activités au Portugal, Achraf doit vérifier plusieurs points :

- Les droits de douane
- Les taxes portugaises
- Les taux de change
- Les exigences en matière de sécurité relatives aux produits
- La nécessité ou non de contracter une assurance

Pour obtenir ces informations, il peut commencer par consulter le site Web du gouvernement portugais

Question 40 : A, B, F

Achraf doit faire les vérifications suivantes :

- Son système de paiement doit être adapté au Portugal, et tenir compte des différentes taxes et devises. Les plateformes PayPal et Worldpay, par exemple, sont idéales pour une utilisation internationale.

- Ses connaissances sur le marché de la musique au Portugal doivent être suffisantes pour proposer des produits appropriés à ses clients.

- Son site doit être adapté à l'international. Achraf doit tester le parcours effectué par les visiteurs lorsqu'ils accèdent à son site.

Les services de traduction automatique peuvent donner aux utilisateurs une idée du sens général d'un texte, mais pas traduire un contenu comme le ferait une personne dont le portugais serait la langue maternelle.

Achraf n'a pas besoin d'aller au Portugal (c'est l'avantage du commerce en ligne). Toutefois, il comprendra mieux la culture de ses clients s'il s'y rend de temps en temps et apprend la langue du pays.

Question 41 :

Actions	Utile	Inutile
Se renseigner sur l'étiquetage obligatoire pour les livraisons à l'étranger	X	
Créer des comptes en portugais sur les réseaux sociaux		X
Choisir un prestataire de livraison international	X	
Mettre en place un service client pour les commandes internationales	X	

Achraf doit vérifier la procédure d'expédition, ainsi que les délais et les coûts de livraison avant de proposer des disques à ses clients portugais. L'expédition de produits à l'étranger peut être compliquée et onéreuse.

Les transporteurs n'exportent pas tous à l'international, et ils exigent généralement des étiquettes d'expédition spécifiques. Achraf doit donc se renseigner à ce sujet.

Enfin, il doit s'assurer que ses clients auront la possibilité de le contacter depuis l'étranger en cas de problème.

Question 42 :

Actions	Oui	Non
Mettre en ligne son inventaire sur une plateforme d'e-commerce tierce		X
Tenir un blog à propos de son secteur d'activité		X
Créer un forum afin d'obtenir des commentaires sur les services qu'elle propose	X	

Pour atteindre ses objectifs commerciaux sur le Web, la méthode la plus simple consiste à recevoir les paiements en ligne, via un fournisseur de transfert d'argent comme PayPal.

La vente de produits sur une plate-forme d'e-commerce comme Amazon ou eBay peut permettre d'atteindre ses objectifs, mais cette méthode est plus fastidieuse. Ce n'est donc pas la solution la plus simple ni la plus rapide.

Aya peut aussi consulter les commentaires des utilisateurs sur des blogs concernant ses produits ou sur des forums, mais cela ne lui permettra pas de générer des ventes.

Question 43 :

Options	Oui	Non
Gestion des commandes via un système centralisé	X	
Avis des clients	X	
Outil de recherche de produits	X	
Paiements par téléphone via un système d'appels en ligne		X

Une boutique en ligne totalement fonctionnelle n'incite pas les clients à effectuer des paiements par téléphone, mais elle simplifie les achats directs sur le site.

Elle met en œuvre un système centralisé qui vous permet de gérer les commandes et d'effectuer le suivi des livraisons facilement. Vous maîtrisez ainsi les fonctionnalités qui vous servent à concevoir votre boutique en ligne de telle manière que vos clients se sentent comme dans un vrai magasin.

Question 44 : A, B, C, F

Pour toucher son audience cible via la vidéo en ligne, Mohammed peut utiliser différentes méthodes efficaces, dont YouTube, le partage sur les médias sociaux, les annonces en ligne et les sites Web de contenus vidéos.

La vidéo en ligne constitue une solution idéale pour atteindre cet objectif. Les utilisateurs du monde entier apprécient l'énergie et les messages qu'on peut inclure, de façon extrêmement concise, dans une vidéo.

La vidéo est très efficace pour communiquer avec les gens, et peut devenir virale tout en étant ciblée. Grâce à la généralisation de l'Internet haut débit, la vidéo en ligne est de plus en plus populaire, et le "marketing vidéo" est devenu une méthode optimale pour mettre en avant vos produits ou services.

Question 45 : A, B, C

Grâce aux e-mails, aux chaînes YouTube et aux annonces diffusées sur d'autres sites Web de cuisine, Mohammed peut susciter l'intérêt des utilisateurs pour les éléments qu'il souhaite partager, et se faire connaître auprès de nouveaux clients ou de passionnés.

L'e-mail est aussi l'une des méthodes les plus rapides et directes pour communiquer sur de nouveaux produits et services. En intégrant une vidéo dans son message,

Mohammed peut augmenter le taux d'interaction avec le contenu.

La publication de vidéos sur des chaînes YouTube pertinentes constitue un moyen efficace pour partager du contenu, car l'audience recherche déjà des vidéos en rapport avec la cuisine.

Il peut aussi publier une vidéo sur les réseaux sociaux, mais il doit utiliser sa page professionnelle et non personnelle.

Question 46 :

Actions	Oui	Non
Les diffuser sur son site Web et sur d'autres sites	X	
Choisir un titre et des mots-clés utilisés par son audience cible lors des recherches	X	
Insérer une incitation à l'action, telle qu'une option "Partager"	X	
Ajouter des hashtags aux vidéos pour les réseaux sociaux	X	

Pour promouvoir efficacement une vidéo, vous pouvez la publier sur différents sites et encourager les utilisateurs à la partager.

Lorsque vous mettez en ligne votre vidéo, choisissez un titre, une description et un ensemble de termes de recherche pertinents. Elle sera ainsi plus visible. Lorsque vous la publiez sur les médias sociaux, veillez à toujours ajouter un hashtag pertinent.

Enfin, incitez les utilisateurs à effectuer une action une fois qu'ils ont visionné votre vidéo : demandez-leur de la partager ou de visiter votre site Web, par exemple.

Question 47 :

Mots clés	Oui	Non
Cuisine à la maison	X	
Chefs cuisiniers TV	X	
Vidéos pédagogiques		X
Vidéos cuisine	X	
Chefs cuisiniers		X
Emissions télévisées		X

Lorsque vous créez vos mots-clés, vous devez vous mettre à la place d'un client. Quels termes de recherche va-t-il saisir ?

Il est souvent préférable d'être précis, car votre contenu sera ainsi plus pertinent par rapport à la recherche, et l'utilisateur sera plus tenté de consulter votre site.

Faites en sorte que votre annonce l'incite à visiter votre site Web et gardez à l'esprit que votre objectif est qu'il revienne y consulter d'autres contenus.

Question 48 :

Actions	Utile	Inutile
Modifier la vignette d'aperçu et le titre de la vidéo		X
Mettre à jour la description de la vidéo		X
Proposer de nouvelles vidéos qui durent moins de 60 secondes	X	
Examiner les commentaires des utilisateurs	X	

En règle générale, les vidéos courtes sont les plus efficaces. Si on propose des contenus concis, on a plus de chances que les utilisateurs les visionnent jusqu'au bout. Les statistiques montrent que 45 % d'entre eux arrêtent de regarder la vidéo au bout d'une minute. On peut aussi consulter les commentaires afin de comprendre pourquoi les utilisateurs ne visionnent pas les vidéos en entier.

Question 49 :

Actions	Oui	Non
Lancer des conversations avec ses abonnés	X	
Ajouter des commentaires à tous les posts personnels des abonnés		X
Supprimer tous les commentaires négatifs		X
Poster régulièrement des messages	X	
Nommer et dénigrer les concurrents		X

La finalité des médias sociaux repose essentiellement sur la communication avec les utilisateurs, le but étant qu'ils vous connaissent mieux, vous et votre entreprise. Vous devez débuter une conversation, puis l'entretenir en publiant régulièrement du contenu, tout en veillant à ne pas inonder vos abonnés de messages.

Nous vous déconseillons de nommer et de dénigrer vos concurrents, mais aussi de supprimer tous les posts négatifs, car cela pourrait nuire à votre image et déplaire aux abonnés. Pour ces mêmes raisons, évitez de trop commenter les posts personnels des abonnés.

Question 50 :

Actions	LinkedIn	FB	Instagram

Zineb Vintage recherche un menuisier capable de fabriquer un comptoir sur mesure pour sa boutique de vêtements vintage. Contactez-nous pour plus d'infos.	X		
J'adore les photos de notre nouvelle collection que mon amie et super photographe Yasmine a prises.			X
Super soirée jeudi à partir de 19h00 pour notre premier défilé de mode vintage. Venez nous rendre visite !		X	

Il est important que le ton du post corresponde à la vocation du réseau. Voici les recommandations à appliquer :

- Un post dédié à la recherche d'un fournisseur doit être publié de préférence sur le site LinkedIn, conçu pour développer le réseau professionnel.

- Des images professionnelles peuvent être publiées sur Instagram, conçu pour le partage de photos.

- Le post qui annonce le premier défilé de mode organisé par Zineb doit être publié sur Facebook, où elle peut créer un événement. Les utilisateurs peuvent ainsi indiquer s'ils souhaitent venir ou non.

Question 51 : C, A, D, B

Zineb doit commencer par créer un plan de marketing sur les médias sociaux. Cela va lui permettre de définir sa stratégie, de planifier son activité sur ces réseaux au cours des mois à venir et de déterminer comment elle mesurera les résultats.

Ensuite, elle peut créer des profils sur les sites de médias sociaux les mieux adaptés à son entreprise et configurer un outil de gestion des médias sociaux afin d'effectuer le suivi de son activité sur ces sites.

Enfin, elle peut préparer des posts à l'avance, qui seront publiés automatiquement lors des événements clés qu'elle a planifiés. Par exemple, elle peut rédiger des posts sur le thème des fêtes pour faire la promotion de ses produits à l'approche du nouvel an.

Question 52 : A, B, D

Comme elle souhaite se développer à l'international, elle n'a pas besoin de limiter ses annonces à une audience locale. Avec une campagne publicitaire globale, elle a beaucoup plus de chances de trouver des clients potentiels que si elle se cantonne à son pays.

Si elle combine une audience mondiale et une publicité correctement ciblée, elle pourra utiliser son budget judicieusement, en se concentrant sur les personnes qui ont le plus de chances de devenir des clients.

Question 53 :

Actions	Oui	Non
Définir le nombre de visiteurs qui interagissent avec son site Web	X	
Déterminer comment les visiteurs ont trouvé son site	X	
Planifier la publication automatique de contenus à des heures précises		X
Envoyer des messages personnalisés à des visiteurs spécifiques		X

L'analyse des médias sociaux permet aux responsables d'entreprise de savoir comment les clients interagissent sur leur site avec leurs produits et services, et comment ils y accèdent.

Question 54 :

Réponses	Oui	Non
Sincèrement désolée. Contactez-moi pour que nous réparions la robe dés que possible.	X	
C'est la première fois que nous avons un problème de fermeture cassée. Vous l'avez peut-être remontée trop vite.		X
C'est dommage, ça arrive que les fermetures éclair cassent.		X

Le principal avantage des médias sociaux, c'est que vous pouvez vous adresser directement à vos clients, et interagir avec eux au bon moment et de la bonne façon.

Zineb a la possibilité de répondre à la réclamation de cette consommatrice en s'excusant ou en remplaçant la fermeture éclair gratuitement. Elle montre ainsi à ses clients à quel point ils sont importants pour son entreprise.

Question 55 :

Réponses	Oui	Non
Il peut l'aider à trouver des fournisseurs moins chers.		X
Il peut l'aider à renforcer l'identité de sa marque.	X	
Il peut l'aider à comprendre les préférences d'achat de ses clients.		X
Il peut l'aider à interagir avec la bonne audience.	X	

Question 56 : C, A, D, B

Hassan doit d'abord identifier son audience, puis la segmenter sous la forme de groupes avant de créer des contenus ciblant ces utilisateurs. Enfin, il doit publier le contenu et en faire la promotion auprès des segments d'audience qu'il a définis.

Question 57 : B

Un concours peut être particulièrement efficace, car il permet d'attirer l'attention des clients nouveaux et existants, et de les faire interagir avec la marque.

Question 58 :

Réponses	Oui	Non
Se concentrer sur l'audience cible	X	
Écrire seulement sur les produits ou services que je propose		X
Adopter un ton et un style d'écriture cohérents	X	
Ajouter l'accroche à la fin de l'article de blog		X
Rédiger des articles longs de préférence		X

Sami doit se concentrer sur son audience cible, et s'efforcer de trouver un ton et un style cohérents. Il doit toujours privilégier la qualité plutôt que la quantité, et s'efforcer de débuter chaque article par une accroche attrayante.

Question 59 : C, A, E, D, B

Oumaima doit vérifier tous les canaux disponibles et déterminer quels contenus créer en fonction des besoins de son audience. Une fois qu'elle dispose de ces informations, elle peut envisager d'élaborer un calendrier éditorial pour l'aider à s'organiser. Ensuite, elle peut commencer à créer et à publier des contenus, avant d'en faire la promotion sur les canaux en ligne.

Question 60 :

Réponses	Oui	Non

Temps passé par les utilisateurs sur chaque article de blog		X
Identification des sites Web redirigeant du trafic vers son blog		X
Nombre de nouveaux abonnés à sa liste de marketing par e-mail		X
Nombre de personnes cliquant sur l'incitation à l'action "Acheter maintenant" à la fin de chaque article de blog	X	

Question 61 :

Réponses	Oui	Non
Diffuser ses annonces dans un rayon de 16 km autour du magasin	X	
Diffuser ses annonces pendant les horaires d'ouverture du magasin	X	
Adapter ses annonces aux utilisateurs locaux	X	
Distribuer des flyers et des cartes de visite dans les magasins des environs		X

Elle peut configurer ses campagnes publicitaires de façon à n'enchérir que si le client qui effectue la recherche est situé dans un rayon de 16 kilomètres autour de son magasin ou seulement pendant ses horaires d'ouverture. Grâce aux annonces locales, Salma peut adapter son message aux personnes situées à proximité de sa boutique.

Question 62 :

Réponses	Oui	Non
Envoyer des alertes lorsque des utilisateurs se trouvent à proximité du magasin	X	
Informer sur des événements promotionnels (révision gratuite, par exemple)		X
Orienter les clients vers le magasin de Salma	X	
Envoyer des coupons personnalisés aux clients fidélisés		X
Permettre aux clients de prendre rendez-vous pour une réparation		X

Question 63 : B

Même si l'article sur les cyclistes célèbres pourrait être intéressant, il n'a pas de **dimension locale**, contrairement à celui consacré aux courses de vélo dans la région, qui susciterait donc l'intérêt des utilisateurs à proximité. Les moteurs de recherche leur proposeront ainsi plus facilement le site Web de Salma.

Lorsqu'ils auront détecté la pertinence de ces articles pour les utilisateurs locaux, son magasin sera davantage susceptible d'apparaître dans les résultats locaux.

Question 64 :

Réponses	Oui	Non
Vélos Karim	X	
5, Rue abdelkrim khettabi, maamora, kénitra	X	
Numéro de tel : 05.37.23.24.25	X	
Ouvert du lundi au Samedi de 9h à 17h	X	
Photo d'un vélo		X

Question 65 :

Réponses	Oui	Non
Robinet qui fuit	X	
Evier bouché	X	
Plombier à proximité	X	
Comment réparer une canalisation qui fuit dans une salle de bain		X

Il n y a plus de pression, comment réparer moi même		X

Lorsqu'ils effectuent une recherche sur leur mobile, les utilisateurs ont tendance à saisir des mots-clés courts plutôt que de longues phrases. En choisissant les bons mots-clés, on a donc beaucoup plus de chances de les attirer sur son site Web.

Lorsqu'ils saisissent des termes sur un appareil mobile, les utilisateurs se servent généralement d'un clavier tactile. Cela prend plus de temps qu'avec un clavier d'ordinateur. Par conséquent, choisissez des mots-clés courts, percutants et faciles à saisir sur un écran tactile.

Question 66 :

Réponses	Oui	Non
Âge, centres d'intérêt, zone géographique	X	
Débit internet, âge, centres d'intérêt, couleur de cheveux, zone géographique, situation professionnelle.		X
Statut marital, sexe, centres d'intérêt, âge		X

Afin de cibler la bonne audience avec sa campagne sur les médias sociaux, Reda peut utiliser des paramètres comme l'âge, la zone géographique et les centres d'intérêt. Ainsi, ses annonces seront présentées aux personnes les plus susceptibles d'avoir besoin de ses services.

La couleur de cheveux, le statut marital, la situation professionnelle et le débit Internet sont des informations sûrement essentielles, mais elles ne sont d'aucune utilité pour attirer les personnes confrontées à des problèmes de plomberie.

Partie II :
Tests à chaud

Test à chaud chapitre I : Introduction au marketing digital

1) Donner votre propre définition du marketing digital.
2) Citer trois objectifs du marketing digital
3) Citer les cinq leviers du marketing digital
4) Citer les trois types de médias qu'une entreprise peut utiliser pour atteindre ses objectifs de communication.

5) Définir les mots suivants :

    a) Paid Media

    b) Owned Media

    c) Earned Media

6) Quelle différence faites-vous entre :

    a) SEO et SEA

    b) CPM et CPA

7) Citer trois moteurs de recherche.

8) Expliquer les termes suivants :

    a) L'affiliation

    b) Retargeting (ou Remarketing)

    c) Coût par clic (PPC Pay per click)

    d) ROPO ou ROBO (Research online, purchase or buy offline)

Test à chaud chapitre II : Le marketing traditionnel Vs Digital

1) Quels sont les avantages qu'offre le marketing digital à l'annonceur, en comparaison avec le marketing traditionnel ?

2) Quelle différence faites-vous entre l'inbound (Marketing entrant) et l'outbound (Marketing sortant) ?

3) Les techniques de l'outbound sont interruptrices, contrairement aux techniques de l'inbound, qui se basent sur la demande de la permission.

Expliquer cette citation.

4) M. Tahiri, un jeune auteur, souhaite faire la promotion de son dernier roman (objectif de notoriété), et augmenter ses ventes (objectif de chiffre d'affaires).

Proposer des outils gratuits, ou à la commission, qui peuvent aider Tahiri à atteindre ses objectifs. (Dresser un tableau).

Outils gratuits	Outils (paiement à la commission)	Outils payants

5) Compléter le tableau suivant:

Différences	Marketing digital	Marketing traditionnel
Support		Hors ligne
Ciblage	Personnalisé	
Planification		Lente

Relation client	Demande de permission	
Mesurable ?		Difficilement mesurable

Test à chaud chapitre III : L'inbound Marketing

1) Que veut dire les acronymes suivants :

KPI	
CTA	
SEO	

SEA	
CRM	
MQL	
SQL	

2) Quelles sont les 4 étapes de l'inbound marketing ?

3) Classer les éléments suivants selon qu'ils appartiennent à l'inbound ou l'outbound Marketing

Spot publicitaire à la radio ; Distribution des flyers ; Cold call ; Envoi d'un pdf en échange d'un formulaire ; Référencement seo ; Envoi de newsletter d'un tutoriel maquillage

Inbound Marketing	Outbound Marketing

4) Citer deux moyens pour attirer les clients vers le site de l'entreprise.

5) Quelles sont les étapes du processus d'achat du consommateur

6) A quoi servent les applications du lead scoring.

7) Comment peut-on améliorer le classement de l'entreprise dans les résultats de recherche Google ?

8) Quels sont les 2 objectifs de l'inbound ?

9) Expliquer le taux de rebond (bounce rate)

10) Citer quelques avantages de l'inbound marketing

Test à chaud Chapitre IV : Le display

1) Définir les mots suivants :
   a) Display
   b) SSP
2) Citer 4 formes du display

3) Expliquer brièvement le rôle de :

   a) L'annonceur

   b) La régie

   c) L'éditeur du site (le Publisher)

4) Les objectifs du Display sont la notoriété et la performance, quelle différence faites-vous entre ces deux objectifs ?

5) Le coût d'une campagne publicitaire digitale, peut être évalué au CPM, CPC, ou CPA. Quelle différence peut-on faire entre ces trois coûts ?

6) Pour toucher une audience, L'annonceur peut choisir l'une des deux techniques de ciblage, à savoir :

   a) Le ciblage classique

   b) Le ciblage comportemental

Quelle différence faites-vous entre ces deux méthodes ?

7) Expliquer le principe du Retargeting ou Remarketing.

8) Quel est le principal inconvénient du Display

9) Expliquer le principe de l'achat programmatique.

10) Quel est le rôle de chacun des acteurs cités ci-dessous, dans l'achat programmatique.

Acteur	Rôle
L'annonceur	
Trading desk	
DSP (Demand Side	

Platform)	
SSP (Sell Side Platform)	
L'éditeur	

11) Expliquer le principe du RTB (Real time bidding)

12) Citer les missions de la régie publicitaire.

13) Quelle différence peut-on faire entre les trois types d'inventaires publicitaires cités ci-dessous ?

Inventaire publicitaire	Définition
Premium	
Contextuel	
Performance	

14) Expliquer le principe des trois types de campagnes display cités dans le tableau ci-dessous.

Inventaire publicitaire	Définition
Classique	
Vidéo	
Native	

Test à chaud Chapitre V : Le référencement

1) Citer cinq moteurs de recherche

2) Qu'est-ce qu'une requête de recherche ?

3) Quelle est la mission principale d'un moteur de recherche

4) La plupart des moteurs de recherche suivent le processus suivant : Exploration, indexation, classement.

   Expliquer ce processus.

Etapes	Description
Exploration	
Indexation	
Classement	

5) Décrire le rôle des CMS. Donner quelques exemples de CMS.

6) Les moteurs de recherche utilisent des centaines de critères pour référencer les sites web, dont quelques-uns restent confidentielles. Citer quelques critères utilisés par ces moteurs pour classer les pages web.

7) Qu'est-ce qu'on peut faire en tant que gestionnaire d'un site web, pour améliorer son référencement dans les moteurs de recherche ?

8) Quels sont les critères prises en compte, par les moteurs de recherche, pour gagner un emplacement favorable dans les résultats payants ?

9) Citer les fonctions de la google search console

10) Quelles sont les informations que la Google Search Console peut vous fournir ?

Test à chaud Chapitre VI : L'email Marketing

1) Quels sont les avantages de l'email marketing ?

2) Quelle différence faites-vous entre une campagne d'information et une campagne d'incitation ?

3) « On dit souvent que pour réussir une campagne emailing, il faut prendre en compte trois éléments : Le bon message ; Le bon moment ; La bonne personne. »

Expliquer cette citation.

4) Les experts en marketing conseillent toujours de créer sa propre base de données au lieu d'en acheter une.

    a) A votre avis, pourquoi ?

    b) Comment créer une base de données.

5) Schématiser le processus de la création d'une campagne emailing

6) Qu'est-ce qu'un SPAM trap ?

7) Il est impératif de « nettoyer » régulièrement la base de données. Cela consiste à faire quoi ?

8) Quelle différence faites-vous entre le soft et le hard bounce ?

9) Qu'est-ce qu'on peut faire, pour assurer un taux élevé d'ouverture des emails ?

L'objet	
L'expéditeur	
Le désabonnement	
Le CTA	
Le contenu	

10) Quelles sont les actions à entreprendre pour éviter de passer pour un courrier indésirable.

11) Citer quelques indicateurs qui permettent de contrôler l'efficacité d'une campagne emailing.

Test à chaud Chapitre VII : Concevoir un site web

1) Quel est le rôle du DNS (Domain Name System) ?
2) Expliquer les principes suivants :
    a) Cybersquatting
    b) L'hébergement
    c) Un site responsive
    d) Mobile friendly

3) Citer 2 avantages et 2 inconvénients des CMS (Dresser un tableau).

4) Le site officiel du Real Madrid est : **https://www.Realmadrid.es**. Il s'agit de renseigner le tableau suivant :

Sous domaine	
Nom de domaine	
Extension ou suffixe	
Protocole	

5) Donner des exemples aux extensions suivantes

Extension générique	
Extension géographique	

6) Quelles sont les conditions d'un bon nom de domaine ?

7) Expliquer les types d'hébergement cités dans le tableau ci-dessous

Hébergement gratuit	
Hébergement mutualisé	
Hébergement virtuel dédié	
Hébergement sur le cloud	

8) Citer quatre avantages des sites conçus par des CMS.

9) Citer quatre qualités d'un bon site web.

Test à chaud Chapitre VIII : Mesurer l'efficacité et la performance.

1) Qu'est-ce que le web analytics ?

2) Citer les missions du web analytics

3) « Il ne s'agit pas d'obtenir un maximum de trafic sur un site, de fans abonnés à la page Facebook ou de clics sur les annonces Google Adwords, mais bien de transformer cette audience en valeur pour l'entreprise. La priorité est donc d'optimiser le taux de conversion ».

Expliquer cette citation.

4) Après consultation des indicateurs de performance, notre site web a un taux de rebond de 80%.

    a) Interpréter le résultat.

    b) Comment peut-on améliorer ce taux ?

5) Décrire la différence entre les différents trafic, en donnant à chacun une brève définition.

Trafic direct	
Trafic organique	
Trafic de référence	
Trafic social	
Trafic payant	

6) Quelle est l'utilité de la mesure des performances d'un site web ?

7) Comment peut-on calculer :

    a) Le taux de conversion ?

    b) La durée moyenne des sessions ?

8) Citer les 4 indicateurs de mesure.

Test à chaud Chapitre IX : Google Ads

1) Qu'est-ce que Google Ads ?

2) Quels sont les objectifs commerciaux que Google ads peut vous aider à atteindre ?

3) Expliquer les trois principes de google, figurant dans le tableau ci-dessous

La Pertinence	
Le Contrôle	
Les résultats	

4) Citer les types de campagnes proposés par Google ads.

5) Expliquer le principe du machine learning

6) Expliquer le principe du GeoTargeting (ou ciblage géographique et linguistique)

7) Les experts en marketing digital, conseillent toujours d'ajouter des extensions d'annonces aux annonces Google.

   Qu'est-ce qu'une extension d'annonce ?

Test à chaud Chapitre X : Meta Ads

1) Quelle différence faites-vous entre une publication et une publicité ?

2) Pourquoi faire de la publicité sur Facebook ?

3) Comment créer une publicité sur Facebook ?

4) Quel est l'intérêt d'une publicité automatisée sur Facebook ?

5) Quels sont les éléments à prendre en considération lors de la création d'une publicité sur Facebook ?

6) Comment améliorer l'impact d'une publicité sur Instagram ?

7) Expliquer le principe du Test A/B

8) Lors du processus de vérification, quels sont les éléments vérifiés par Meta ?

9) Quelles sont les sanctions infligées par Meta aux annonceurs, en cas de non-respect des conditions générales publicitaires.

10) Citer des exemples de contenu publicitaire interdit par l'entreprise Meta.

11) Citer des exemples de contenu publicitaire restreint.

12) Quelles différences faites-vous entre les trois objectifs suivants :

    a) La notoriété

    b) Le trafic

    c) La conversion

Eléments de réponse
Partie II

Test à chaud chapitre I : Introduction au marketing digital

1) Définition du marketing digital :

Le marketing digital utilise les canaux numériques pour vendre un produit ou promouvoir une marque auprès de consommateurs. Il s'appuie sur le développement de l'usage d'Internet et des objets connectés. Sites web, réseaux sociaux, sites mobiles, applications pour smartphones et tablettes, GPS, podcast, vidéos en ligne sont au cœur du marketing digital.

2) Trois objectifs du marketing digital :

- Faire connaître le produit auprès du public ;
- Fidéliser la clientèle actuelle ;
- Développer l'e-réputation d'une entreprise

3) **Citer les cinq leviers du marketing digital**

- Le display
- Le SEO (Search Engine Optimization)
- Le SEA (Search Engine Advertising)
- Emailing
- Le marketing des réseaux sociaux (Social Media Marketing)

4) **Citer les trois types de médias qu'une entreprise peut utiliser pour atteindre ses objectifs de communication.**

- Le paid Media
- Le owned Media
- Le earned Media

5) **Définir les mots suivants**

a) Paid Media : Ces médias sont achetés au sens où l'organisation doit investir des sommes parfois importantes pour être visible : présence sur les moteurs de recherche, (SEA, ou Search Engine Advertising), diffusion de bannières publicitaires en ligne (display)…

b) Owned Media : Ces médias sont possédés dans le sens où l'entreprise en est propriétaire. Dans cette catégorie de médias, on retrouve les sites Web, les blogs, les newsletters, les applications mobiles, les espaces maîtrisés par la marque sur les réseaux sociaux, etc.

c) Earned Media : Earned Media désigne la visibilité dont bénéficie gratuitement une marque. Elle est assurée par des tiers (utilisateurs, consommateurs ou influenceurs) sur des supports et dans des formats que la marque ne contrôle pas.

6) Quelle différence faites-vous entre :

c) **SEO et SEA** : Le SEO est gratuit, le SEA est payant

d) **CPM et CPA :**

Le coût pour mille impressions : L'annonceur paie le publisher, en contrepartie des vues.

Le coût par action : est un mode de facturation d'un espace publicitaire ou d'une action marketing qui consiste à facturer l'annonceur en fonction des résultats obtenus lors de la campagne.

7) Trois moteurs de recherche : Bing, Google, Yahoo

8) Explication des termes suivants :

a) L'affiliation : est une forme de marketing payant à la performance où un affilié vend des articles pour le compte d'un commerçant pour un taux ou un pourcentage convenu de la vente.

b) Retargeting (ou Remarketing) : est une technique de marketing en ligne permettant de cibler les visiteurs d'un site ou d'une page web (et ayant donc déjà démontré de l'intérêt pour une marque, un produit ou un service) avec une campagne de publicité display.

c) Coût par clic (PPC Pay per click) : est une mesure qui permet de déterminer le montant que les annonceurs paient pour les publicités qu'ils diffusent sur les sites Web ou sur les médias sociaux, et ce, en fonction du nombre de clics que la publicité a reçus.

Test à chaud chapitre II : Le marketing traditionnel Vs Digital

1) **Les avantages du marketing digital :**
   - Le marketing digital est moins coûteux
   - Le marketing digital est plus performant en termes de ciblage.
   - Le Marketing digital permet de mesurer les performances des campagnes publicitaires.

2) **Quelle différence faites-vous entre l'inbound (Marketing entrant) et l'outbound (Marketing sortant) ?**

L'inbound marketing : L'inbound marketing est une méthodologie qui consiste à attirer des clients en créant du contenu utile et des expériences personnalisées.

L'outbound marketing : ou marketing sortant est une méthode qui consiste à pousser l'offre vers le consommateur. Exemple : Spot TV, un encart publicitaire dans un journal

3) **Les techniques de l'outbound sont interruptrices, contrairement aux techniques de l'inbound, qui se basent sur la demande de la permission. Expliquer cette citation.**

On dit des techniques de **marketing sortant** qu'elles sont **interruptrices, c'est-à-dire que** le marketeur interrompt un client qui fait autre chose lorsqu'il reçoit le message.

Les techniques du **marketing entrant** sont basées sur la **demande de permission** : Le marketeur tient un aimant car le client lui a donné la permission de l'aider à trouver ce qu'il veut.

4) **M. Tahiri, un jeune auteur, souhaite faire la promotion de son dernier roman (objectif de notoriété), et augmenter ses ventes (objectif de chiffre d'affaires).**

Proposer des outils gratuits, ou à la commission, qui peuvent aider Tahiri à atteindre ses objectifs. (Dresser un tableau).

Outils gratuits	Outils (paiement à la commission)	Outils payants

- Création d'un blog - Création d'une page sur FB, instagram, Tiktok… - Content marketing	Créer des comptes sur KDP Amazon, Ebay et Cdiscount	- Référencement payant sur google - Display - Emailing - Social Media Optimization

Compléter le tableau suivant :

Différences	Marketing digital	Marketing traditionnel
Support	En ligne	Hors ligne
Ciblage	Personnalisé	Indifférencié
Planification	Instantané	Lente
Relation client	Demande de permission	L'interruption
Mesurable ?	Facilement mesurable	Difficilement mesurable

Test à chaud chapitre III : L'inbound Marketing

1) Que veut dire les acronymes suivants :

KPI	**Key Performance Indicators**
CTA	**Call to action**
SEO	**Search Engine Optimization**
SEA	**Search Engine Advertising**
CRM	**Customer Relationship Management**
MQL	**Marketing Qualified Lead**
SQL	**Sales Qualified Lead**

2) **Quelles sont les 4 étapes de l'inbound marketing ?**

Attirer / Convertir / Vendre / Fidéliser

3) **Classer les éléments suivants selon qu'ils appartiennent à l'inbound ou l'outbound Marketing**

Inbound Marketing	Outbound Marketing
Envoi d'un pdf en échange d'un formulaire	Spot publicitaire à la radio
Referencement seo	Distribution des flyers
Envoi de newsletter d'un tutoriel maquillage	Cold call

4) **Citer deux moyens pour attirer les clients vers le site de l'entreprise.**

Le référencement / Les réseaux sociaux

5) **Quelles sont les étapes du processus d'achat du consommateur**

    a) Reconnaissance du besoin

    b) Recherche d'informations

    c) Evaluation des alternatives

    d) Prise de décision

    e) Sentiment post achat.

6) **A quoi servent les applications du lead scoring.**

Le lead scoring est une méthode qui consiste à attribuer aux leads des scores. le score est censé refléter le potentiel du prospect, son degré d'appétence pour le produit / service ou sa position dans le cycle d'achat. Le score permet de sélectionner les cibles, d'établir des priorités de contact et de personnaliser l'action marketing.

7) **Comment peut-on améliorer le classement de l'entreprise dans les résultats de recherche Google ?**
   a) Sélectionner les bons mots clés
   b) Rendre le site Responsive et mobile friendly
   c) Optimiser le temps de chargement du site
   d) Travailler sur le référencement des images
   e) Essayer d'avoir des backlinks

8) **Quels sont les 2 objectifs de l'inbound ?**
   a) La génération du trafic
   b) La conversion de ce trafic

9) **Expliquer le taux de rebond (bounce rate)**

   Le taux de rebond, désigne le pourcentage des visiteurs qui quittent immédiatement le site après avoir consulté la page par laquelle ils sont entrés.

Un taux de rebond de 30% signifie que sur chaque 10 internautes qui visitent le site considéré, 3 quittent en n'ayant visité qu'une seule page.

10) **Citer quelques avantages de l'inbound marketing**

a) Plus ciblée que l'outbound ;
b) Elle n'interrompt pas le prospect (marketing de permission) ;
c) Le coût moyen de l'acquisition de clients est beaucoup moins élevé ;
d) La production de texte, d'images et même de vidéo coûte souvent moins cher qu'un achat d'espace publicitaire ;
e) L'effet de l'inbound peut rester beaucoup plus longtemps qu'une publicité ;

Test à chaud Chapitre IV : Le display

1) **Définir les mots suivants :**

   a) Display : correspond à l'achat d'espaces publicitaires sur les sites Web, les applications ou les réseaux sociaux.

   b) SSP : Une sell side platform est une plateforme automatisée permettant à des éditeurs d'optimiser en valeur et volume la vente de leurs espaces publicitaires.

2) **Citer 4 formes du display :**

   a) Bannière

b) Rich Media

c) La vidéo

d) Publicité Interstitielle

3) **Expliquer brièvement le rôle de :**

   a) **L'annonceur** : C'est l'entreprise qui souhaite faire la promotion à son produit. Pour ce faire, il fait appel à une régie publicitaire pour diffuser son message. Il peut dans certains cas, passer directement commande auprès de l'éditeur.

   b) **La régie** : Intermédiaire entre les supports médias et les acteurs du marché publicitaire, la régie publicitaire commercialise – auprès des annonceurs et des agences médias – les espaces publicitaires proposés par les différents médias dont elle a la charge.

   c) **L'éditeur du site (le Publisher)** : l'éditeur **est** celui qui fournit l'espace sur son site ou son application permettant aux annonceurs de diffuser des publicités.

4) **Les objectifs du Display sont la notoriété et la performance, quelle différence faites-vous entre ces deux objectifs ?**

   Dans le cas du branding, la campagne display a pour but d'offrir de la visibilité à une marque, un produit ou un service.

Dans le cas de la performance, la campagne a pour but de faire réaliser une action à l'internaute (Achat, remplir un formulaire…)

5) **Le coût d'une campagne publicitaire digitale, peut être évalué au CPM, CPC, ou CPA. Quelle différence peut-on faire entre ces trois coûts ?**

    a) **CPM** Le coût pour mille impressions : L'annonceur paie l'éditeur en contrepartie des vues.

    b) **CPC** Le coût par clic : L'annonceur paie si les internautes cliquent sur son annonce.

    c) **CPA** Le coût par action : est un mode de facturation d'un espace publicitaire ou d'une action marketing qui consiste à facturer l'annonceur en fonction des résultats obtenus lors de la campagne.

6) **Pour toucher une audience, L'annonceur peut choisir l'une des deux techniques de ciblage, à savoir :**

    a) **Le ciblage classique**

    b) **Le ciblage comportemental**

Quelle différence faites-vous entre ces deux méthodes ?

Le ciblage classique consiste à cibler les internautes selon les critères sociodémographiques, géographiques, etc.

Le ciblage comportemental, comme son nom l'indique consiste à cibler les internautes selon leur comportement. Plus concrètement, il s'agit de l'historique de la navigation, les mots clés récemment recherché sur google, les cookies, etc.

7) **Expliquer le principe du Retargeting ou Remarketing.**

Le retargeting ou reciblage publicitaire est une technique de marketing en ligne permettant de cibler les visiteurs d'un site ou d'une page web (et ayant donc déjà démontré de l'intérêt pour une marque, un bien ou un service) avec une campagne de publicité display.

8) **Quel est le principal inconvénient du Display**

La plupart des internautes, aujourd'hui, utilisent un Adblocker.

9) **Expliquer le principe de l'achat programmatique.**

L'achat programmatique est l'ensemble des achats réalisés par le biais d'un logiciel qui automatise l'ensemble des processus de transactions, depuis la sélection des emplacements publicitaires jusqu'à l'optimisation des prix.

10) **Quel est le rôle de chacun des acteurs cités ci-dessous, dans l'achat programmatique.**

Acteur	Rôle
L'annonceur	C'est l'entreprise qui souhaite faire la promotion à son produit. Pour ce faire, il fait appel à une régie publicitaire pour diffuser son message. Il peut dans certains cas, passer directement commande auprès de l'éditeur.
Trading desk	Ils prennent en charge, pour le compte de l'annonceur, l'achat

	d'impressions et le paramétrage de la campagne publicitaire via les plateformes technologiques (DSP)
DSP (Demand Side Platform)	Une plateforme DSP est un outil logiciel proposé en mode Saas et permettant aux annonceurs, trading desk et agences média de réaliser et optimiser leurs achats d'espaces publicitaires display.
SSP (Sell Side Platform)	C'est une plateforme permettant aux éditeurs d'automatiser et d'optimiser la vente de leurs espaces publicitaires.
L'éditeur	C'est celui qui fournit l'espace sur son site ou son application permettant aux annonceurs de diffuser des publicités.

11) **Expliquer le principe du RTB (Real time bidding)**

Le RTB est une technique d'achat aux enchères et en temps réel d'espaces publicitaires sur des pages au moment où elles sont consultées par un profil d'internaute particulier.

12) **Citer les missions de la régie publicitaire.**

a) Commercialiser les espaces ;

b) Recueillir les visuels et les bannières de publicité ;

c) Contrôler les bannières et de les programmer sur l'adserver de la régie ;

d) Assurer le suivi et l'optimisation des campagnes web ;

e) Réaliser les bilans de campagnes web pour les annonceurs et les agences médias ;

13) **Quelle différence peut-on faire entre les trois types d'inventaires publicitaires cités ci-dessous ?**

Inventaire publicitaire	Définition
Premium	Ils correspondent à des inventaires limités, mais de qualité. On retrouve dans ces inventaires les pages offrant la plus grande visibilité par exemple les home pages des grands sites médias

Contextuel	Ce sont des espaces intermédiaires, avec un inventaire important de qualité moyenne. Le reach de ce type d'espace est relativement moyen. Ce sont des espaces valorisés principalement grâce à du ciblage contextuel
Performance	Ils correspondent à des inventaires quasi illimités, mais peu qualitatifs. Ce type d'espace offre un reach relativement faible. En revanche, ce sont des espaces qui se prêtent particulièrement bien à des problématiques d'acquisition de trafic ou d'achat.

14) **Expliquer le principe des trois types de campagnes display cités dans le tableau ci-dessous.**

Types de campagnes	Définition
Classique	La publicité est insérée sous forme de bannière sur un site, un blog ou une application en fonction des critères de

	ciblage retenus.
Vidéo	Comme son nom l'indique, c'est une publicité sous forme de vidéo (in stream ou out-stream)
Native	C'est un format publicitaire conçu pour être intégré dans une page Web de façon non disruptive. C'est un message publi-rédactionnel, intégré visuellement et éditorialement à chacun des sites qui le diffuse.

Test à chaud Chapitre V : Le référencement

1) **Citer cinq moteurs de recherche**

    a) Google

    b) Bing

    c) Yandex

    d) Yahoo

    e) Ecosia

2) **Qu'est-ce qu'une requête de recherche ?**

    Une requête, est une expression saisie par les internautes depuis un moteur de recherche

3) **Quelle est la mission principale d'un moteur de recherche**

    La mission des moteurs de recherche consiste à créer la liste de résultats la plus pertinente possible, pour aider les internautes à trouver ce qu'ils recherchent.

4) **La plupart des moteurs de recherche suivent le processus suivant : Exploration, indexation, classement.**

    Expliquer ce processus.

Etapes	Description
Exploration	Les moteurs de recherche "explorent" Internet pour découvrir des contenus tels que des pages Web, des images et des vidéos.
Indexation	L'indexation est la deuxième étape du processus. L'index est une gigantesque liste de toutes les pages Web et des contenus trouvés par les robots.
Classement	Quand l'internaute tape une recherche, le moteur classe les résultats selon plusieurs critères tels que le mobile first, la propreté du code, la pertinence du contenu…

5) **Décrire le rôle des CMS. Donner quelques exemples de CMS.**

   a) Le rôle des CMS (content management system) : regroupe une catégorie de logiciels qui permettent de concevoir, gérer et mettre à jour des sites Web ou des applications mobile de manière dynamique.

b) Exemples : Joomla, wordpress, Drupal, Magento…

6) **Les moteurs de recherche utilisent des centaines de critères pour référencer les sites web, dont quelques-uns restent confidentielles. Citer quelques critères utilisés par ces moteurs pour classer les pages web.**

   a) La pertinence

   b) La qualité du contenu et l'originalité

   c) La facilité de la navigation

   d) Responsive, et le mobile friendly.

   e) Les backlinks

7) **Qu'est-ce qu'on peut faire en tant que gestionnaire d'un site web, pour améliorer son référencement dans les moteurs de recherche ?**

   a) Créer un contenu adapté au besoin de la cible

   b) Le contenu doit être intéressant pour augmenter le trafic

   c) Se mettre dans la peau des prospects, pour deviner les mots clés, et les utiliser dans votre contenu.

   d) Référencer les images

   e) S'assurer que le site est adapté à tous les écrans (PC, Téléphone, Tablette)

8) **Quels sont les critères prises en compte, par les moteurs de recherche, pour gagner un emplacement favorable dans les résultats payants ?**

a) La pertinence

b) L'offre de prix (le meilleur disant)

9) **Citer les fonctions de la google search console**

   a) Suivre vos performances dans les résultats de recherche Google

   b) Vous indiquer comment Google "voit" votre site.

10) **Quelles sont les informations que la Google Search Console peut vous fournir ?**

    a) Les recherches qui attirent les internautes vers votre site

    b) A quel moment les internautes cliquent sur vos liens

    c) Quels autres sites contiennent des liens qui renvoient vers votre site

    d) Le nombre de clics

    e) Identifier les pages de votre site qui ne fonctionnent pas bien sur les téléphones mobiles

Test à chaud Chapitre VI : L'email Marketing

1) **Quels sont les avantages de l'email marketing ?**

   L'e-mailing a l'avantage d'être peu onéreux, facile à déployer et offre une mesure très précise des performances.

2) **Quelle différence faites-vous entre une campagne d'information et une campagne d'incitation ?**

   a) **Campagne d'information** : L'e-mail est utilisé ici comme un canal de diffusion d'information. La forme la plus courante est la newsletter. Il s'agit la plupart du temps de relayer du contenu présent sur un site.

   b) **Campagne d'incitation** : Le message des campagnes d'incitation a souvent une connotation commerciale, particulièrement dans le cas d'un site e-commerce ou d'un site transactionnel. L'objectif est d'initier une action qui va conduire à un achat, une inscription, etc.

3) **« On dit souvent que pour réussir une campagne emailing, il faut prendre en compte trois éléments : Le bon message ; Le bon moment ; La bonne personne. »**

   Expliquer cette citation.

   a) **Un bon contenu** est un contenu qui intéresse vos cibles. Ce contenu doit aussi être attrayant. Les éléments visuels comme les images, les infographies ou encore les vidéos sont importants. Il vous faut diversifier les formats de contenus pour le rendre plus attractive.

b) **La bonne personne** : Après avoir étudié et segmenté le marché. Il s'agit de cibler des segments auxquels l'entreprise va s'intéresser. Ces cibles seront représentées par des buyer personas. Créer vos buyer personas comme s'il s'agissait d'une personne réelle en lui donnant un nom, un âge et en lui associant une image. Il est recommandé d'avoir entre 3 à 5 personas pour une entreprise.

c) **Le bon moment** : C'est là que la notion de parcours client intervient. En effet, tous vos visiteurs ou prospects ne sont pas acheteurs à un instant T. Il ne faut donc pas d'emblée leur adresser un contenu trop commercial au risque de les faire fuir.

Le parcours client désigne les différentes phases par lesquelles va passer un acheteur avec d'accomplir son acte d'achat.

Le parcours client ou parcours d'achat est composé de trois grandes étapes :
- La prise de conscience de son besoin
- L'évaluation des différentes offres
- La prise de décision d'achat

Le but du parcours client est de réfléchir à dans quelle étape se trouve votre persona en fonction par exemple des actions qu'il fait sur votre site, des interactions qu'il a avec votre entreprise par email, sur les réseaux sociaux…

L'objectif va ainsi être de lui fournir un contenu pertinent et ciblé en fonction de son degré de maturité en prenant en compte les 3 étapes mentionnées ci-dessus.

4) **Les experts en marketing conseillent toujours de créer sa propre base de données au lieu d'en acheter une.**

   a) **A votre avis, pourquoi ?**

L'achat de bases toutes faites contenant des milliers d'adresses emails souvent à très bas coût est à proscrire. Ces bases sont inexploitables. Les adresses e-mails sont bien souvent inexistantes (générées aléatoirement par des robots), voire même créées de toutes pièces par les opérateurs (FAI) afin de piéger les spammeurs (ce sont les fameuses adresses dites « spam trap »).

   b) **Comment créer une base de données.**

En utilisant les techniques de l'inbound marketing et le content marketing. Par exemple offrir à l'internaute un contenu original, ou un livre blanc en contrepartie, le visiteur doit remplir un formulaire.

5) **Schématiser le processus de la création d'une campagne emailing**

   a) La construction et l'entretien de la base de données ;

   b) La création du message ;

   c) La gestion des envois ;

   d) L'analyse des performances.

6) **Qu'est-ce qu'un SPAM trap ?**

Un piège à spam (spam trap) ressemble à une véritable adresse e-mail, mais il n'appartient pas à une personne réelle et n'est utilisé pour aucun type de communication. Généralement, il s'agit d'une adresse email abandonné par son propriétaire car elle était déjà très spammée, désactivé pendant plusieurs années, l'opérateur la réactive et peut l'utiliser comme piège à spammers, car seul un spammer continuerait à envoyer des emails sur cette adresse.

7) **Il est impératif de « nettoyer » régulièrement la base de données. Cela consiste à faire quoi ?**

   1- Assurer la cohérence et la pertinence des informations

   2- Gérer les bounces

   3- Surveiller l'inactivité

8) **Quelle différence faites-vous entre le soft et le hard bounce ?**

   On distingue les soft bounces qui correspondent à des erreurs temporaires (serveur e-mail indisponible, boîte aux lettres pleine, etc.) des hard bounces qui correspondent à des erreurs permanentes (adresse e-mail inexistante par exemple).

9) **Qu'est-ce qu'on peut faire, pour assurer un taux élevé d'ouverture des emails ?**

L'objet	L'objet doit être clair et concis. Bannir les spamwords (gratuit, promos...) Utiliser les caractères spéciaux avec modération Personnaliser l'objet
L'expéditeur	L'expéditeur se compose d'une adresse e-mail, d'un nom et éventuellement d'un prénom. L'adresse doit rester compréhensible
Le désabonnement	Tous les e-mails envoyés, doivent contenir certaines mentions légales et un lien de désabonnement
Le CTA	Utiliser les verbes d'action Le nombre de boutons doit être limité, au risque d'embrouiller les visiteurs
Le contenu	Contenu original, intéressant et personnalisé.

10) **Quelles sont les actions à entreprendre pour éviter de passer pour un courrier indésirable.**

   a) **L'hygiène de la base de données :** Plus la base de données contiendra d'adresses « bounces », plus la probabilité d'être filtré sera grande.

   b) **La réputation de l'expéditeur :** l'activité de l'expéditeur est analysée en permanence, notamment en termes de volume, d'horaire ou de fréquence d'envoi.

c) **Le contenu de l'emailing**

d) **La scénarisation** : Un scénario d'envoi est tout simplement la définition de prétextes pour solliciter un segment précis d'abonnés de sa base avec un message adapté. Exemples :

- campagne de bienvenue
- campagne sur panier abandonné
- campagne anniversaire

11) **Citer quelques indicateurs qui permettent de contrôler l'efficacité d'une campagne emailing.**

a) Le taux de rejet

b) Le taux d'ouverture

c) Le taux de rebond

d) Le taux de clics

e) La réactivité

Test à chaud Chapitre VII : Concevoir un site web

1) **Quel est le rôle du DNS (Domain Name System) ?**

Pour faciliter la recherche d'un site donné sur Internet, le système de noms de domaine (DNS) a été inventé. Le DNS permet d'associer un nom compréhensible, à une adresse IP.

2) **Expliquer les principes suivants :**

   a) **Cybersquatting** : est une pratique consistant à enregistrer un nom de domaine correspondant à une marque, avec l'intention de le revendre ensuite à l'ayant droit, d'altérer sa visibilité ou de profiter de sa notoriété.

   b) **L'hébergement** : le fait de mettre à disposition des créateurs de sites Web des espaces de stockage sur des serveurs sécurisés, afin que les sites Web en question puissent être accessibles sur la Toile.

   c) **Un site responsive** : est un site qui est conçu et développé de façon à pouvoir s'adapter à toutes les résolutions d'écran.

   d) **Mobile friendly** : c'est un site conçu et optimisé pour être utilisé sur les téléphones mobiles et tablettes.

3) **Citer 2 avantages et 2 inconvénients des CMS (Dresser un tableau).**

Avantages	Inconvénients
Simplicité d'utilisation	Le code source est public : Si le code est connu par tous, les failles le sont aussi
Mobile friendly	Un site conçu avec un CMS est bien souvent plus lent car de nombreuses opérations sont exécutées avant que les pages soient affichées pour l'internaute
Référencement naturel	

4) **Le site officiel du Real Madrid est : https://www.Realmadrid.es. Il s'agit de renseigner le tableau suivant :**

Sous domaine	www
Nom de domaine	Realmadrid.es
Extension ou suffixe	.es
Protocole	https

5) **Donner des exemples aux extensions suivantes**

Extension générique	.com / .org
Extension géographique	.ma / .fr

6) **Quelles sont les conditions d'un bon nom de domaine ?**

Il doit être unique, correspond à la marque, court, euphonique et facile à mémoriser.

7) **Expliquer les types d'hébergement cités dans le tableau ci-dessous**

Hébergement gratuit	L'hébergement gratuit permet d'avoir un espace sur un serveur ou un cloud, sans payer. Ce type d'hébergement est financé par la publicité.
Hébergement mutualisé	Plusieurs sites Internet sont hébergés sur un serveur. Ils partagent les ressources matérielles et la bande passante du système.
Hébergement virtuel dédié	Les données de l'entreprise sont séparées de celles des autres clients du prestataire d'hébergement, et sont enregistrées sur un serveur physique entièrement individuel
Hébergement sur le cloud	L'hébergement en nuage (ou Cloud) est un type d'hébergement web qui utilise plusieurs serveurs différents pour équilibrer la charge et optimiser la disponibilité.

8) **Citer quatre avantages des sites conçus par des CMS.**
    a) **Simplicité d'utilisation**
    b) **Mobile friendly**
    c) **Le référencement naturel :** Les CMS mettent en avant le contenu et améliorent les performances des pages, ce qui booste le positionnement sur les moteurs de recherche (SEO).
    d) **La gestion multi utilisateur**
9) **Citer quatre qualités d'un bon site web.**
    a) Une hiérarchie claire des pages
    b) Une navigation simple
    c) Visuellement attrayant
    d) Contenu original

Test à chaud Chapitre VIII : Mesurer l'efficacité et la performance.

1) **Qu'est-ce que le web analytics ?**

   Le web analytics est « l'activité de mesure, de collecte, d'analyse et de reporting des données Internet à des fins de compréhension et d'optimisation des usages Web

2) **Citer les missions du web analytics**

   a) Mesurer et qualifier l'audience d'un site Web ;

   b) Identifier les sources de visites ;

   c) Mesurer l'efficacité et la rentabilité des différentes campagnes mises en place (SEA, display, e-mail marketing, inbound marketing…) ;

   d) Analyser les performances du site à travers notamment le processus de conversion ;

   e) Détecter les problèmes d'ergonomie et d'usabilité

3) **« Il ne s'agit pas d'obtenir un maximum de trafic sur un site, de fans abonnés à la page Facebook ou de clics sur les annonces Google Adwords, mais bien de transformer cette audience en valeur pour l'entreprise. La priorité est donc d'optimiser le taux de conversion ».**

   Expliquer cette citation.

L'objectif principal de l'entreprise est de réaliser un bénéfice. Ce bénéfice est le résultat de la vente des produits qu'on commercialise. Donc attirer du trafic c'est bien, le convertir c'est encore mieux. Comment peut-on atteindre ce but ? c'est en attirant sur notre site ou application des leads qualifiés.

En résumé il faut privilégier la qualité à la quantité.

4) **Après consultation des indicateurs de performance, notre site web a un taux de rebond de 80%.**

   a) **Interpréter le résultat.**

   Sur chaque 100 internautes qui visitent notre site, 80 finissent par le quitter, en ne visitant qu'une seule page.

   b) **Comment peut-on améliorer ce taux ?**

   Pour améliorer ce taux, on doit améliorer la qualité du contenu, diversifier les formats de contenu (vidéo, texte, image…), rendre le site plus attrayant.

5) **Décrire la différence entre les différents trafic, en donnant à chacun une brève définition.**

Trafic direct	Ce sont les utilisateurs qui saisissent directement l'URL du site, qui viennent d'un e-mail ou encore des sites mis en favoris.
Trafic organique	Le trafic organique correspond aux visites venant des moteurs de recherche comme Google ou Bing
Trafic de référence	Le trafic de référence est utilisé pour décrire les visiteurs qui proviennent de liens depuis d'autres sites, autres que les moteurs de recherche et les réseaux sociaux. Ce sont les fameux backlinks.
Trafic social	Il s'agit bien sûr du trafic issu des réseaux sociaux. Google Analytics vous permet de voir d'où viennent les visiteurs : Twitter, Facebook, ou d'autres plateformes sociales.
Trafic payant	Le trafic payant indique le trafic issu des campagnes Adwords

6) **Quelle est l'utilité de la mesure des performances d'un site web ?**

La mesure des performances d'un site web permet de :

- Comprendre ce que font les utilisateurs sur le site ;
- Identifier les pages les plus consultées ;
- Déterminer le temps moyen passé sur chacune des pages

7) **Comment peut-on calculer :**

   a) **Le taux de conversion ?** = (Nombre de clients / Nombre de visites) * 100

   b) **La durée moyenne des sessions ?**

   = durée totale de toutes les sessions / Nombre de sessions

8) **Citer les 4 indicateurs de mesure.**

   a) Les indicateurs d'audience

   b) Les indicateurs d'acquisition de trafic

   c) Les indicateurs de comportement

   d) Les indicateurs de conversion

Test à chaud Chapitre IX : Google Ads

1) **Qu'est-ce que Google Ads ?**

   Google Ads est une solution de publicité numérique qui vous met en relation avec cette audience afin de la convertir en clients intéressants.

2) **Quels sont les objectifs commerciaux que Google ads peut vous aider à atteindre ?**

   a) Augmenter les ventes

   b) Attirer des prospects

   c) Augmenter les visites sur le site web

   d) Susciter l'intérêt

   e) Développer la notoriété

   f) Promouvoir votre application

3) **Expliquer les trois principes de google, figurant dans le tableau ci-dessous**

La Pertinence	Google Ads vous aide à interagir avec les bons clients, au bon moment et avec le bon message.
Le Contrôle	Google Ads vous offre une maîtrise totale de votre budget.

	Vous choisissez le montant que vous souhaitez dépenser par mois, par jour et par annonce.
Les résultats	L'annonceur ne paie que s'il enregistre des résultats, comme des clics menant à son site Web ou des appels sur ses lignes commerciales.

4) **Citer les types de campagnes proposés par Google ads.**

   a) Recherche

   b) Display

   c) Vidéo

   d) Shopping

   e) Campagnes pour les applications

5) **Expliquer le principe du machine learning**

   Le **machine learning** est une technique de programmation informatique qui utilise des probabilités statistiques pour donner aux ordinateurs la capacité d'apprendre par eux-mêmes sans programmation explicite.

6) **Expliquer le principe du GeoTargeting (ou ciblage géographique et linguistique)**

Ou le ciblage géographique est la géolocalisation d'un visiteur d'un site Web, puis la fourniture d'un contenu différent en fonction de l'emplacement du visiteur.

7) **Les experts en marketing digital, conseillent toujours d'ajouter des extensions d'annonces aux annonces Google. Qu'est-ce qu'une extension d'annonce ?**

Ce sont des informations complémentaires dans vos annonces, comme votre adresse, votre numéro de téléphone ou encore des liens vers des pages spécifiques de votre site Web.

Test à chaud Chapitre X : Meta Ads

1) **Quelle différence faites-vous entre une publication et une publicité ?**

   Les publications sont publiques, mais n'apparaissent que dans le fil de personnes qui sont déjà abonnées à la Page de l'entreprise, contrairement à la publicité, qui elle, peut être affichée même dans le fil de personnes qui ne sont pas abonnés à la page.

2) **Pourquoi faire de la publicité sur Facebook ?**

   Pour les mêmes raisons qu'on fait de la publicité ailleurs, faire connaître, faire aimer, faire agir, fidéliser les clients, attirer de nouveaux clients…

   Les entreprises peuvent utiliser les publicités Facebook, pour toucher des personnes susceptibles d'interagir avec elles en fonction de l'endroit où elles se trouvent, de leurs centres d'intérêt et d'autres facteurs.

3) **Comment créer une publicité sur Facebook ?**

a) Sélectionnez le bouton Booster la publication sur la publication souhaitée.

b) Définissez votre objectif : Plus de messages, plus d'engagement, plus de vues...

c) Ajoutez un bouton d'action : « Envoyer message », « Appeler », « En savoir plus »...

d) Définissez votre audience : Lieu, l'âge, le genre...

e) Définissez un budget et une durée de diffusion

f) Configurez votre placement : Sur quelles plateformes diffuser la pub

4) Quel est l'intérêt d'une publicité automatisée sur Facebook ?

Lorsque les entreprises saisissent leurs objectifs, les publicités automatisées recommandent des publicités personnalisées en fonction de ces objectifs et font des propositions en fonction des publicités les plus performantes.

5) **Quels sont les éléments à prendre en considération lors de la création d'une publicité sur Facebook ?**

   a) Commencez avec des publications populaires.

   b) Boostez des publications qui reflètent des tendances actuelles.

   c) Choisissez un site web en tant que destination de votre publication boostée.

   d) Boostez vos publications lors d'évènements saisonniers.

6) **Comment améliorer l'impact d'une publicité sur Instagram ?**

   a) Montrez vos publicités à différents types d'internautes afin d'identifier ceux qui sont les plus susceptibles de compter parmi vos clients.

   b) Ciblez les personnes qui ont des centres d'intérêt liés à votre activité.

   c) Si votre entreprise dispose d'un magasin physique, créez une audience s'inscrivant dans un certain rayon autour de votre emplacement.

d) Faites la promotion de différents types de photos et vidéos, et utilisez la page Statistiques pour connaître les performances de ces dernières. Pour ce faire, regardez le nombre de mentions J'aime, de commentaires et d'enregistrements liés à votre publicité.

e) Rediriger les personnes vers trois destinations différentes : le site web de votre entreprise, votre profil Instagram ou vos messages directs, et Comparez les résultats pour découvrir quelle promotion vous aide à atteindre vos objectifs commerciaux.

7) **Expliquer le principe du Test A/B**

Le test A/B est une technique de marketing qui consiste à proposer plusieurs variantes d'un même objet qui diffèrent selon un seul critère afin de déterminer la version qui donne les meilleurs résultats auprès des consommateurs.

8) **Lors du processus de vérification, quels sont les éléments vérifiés par Meta ?**

Lors du processus d'examen, Meta vérifie les images, le texte, le ciblage et le positionnement de la publicité, ainsi que le contenu de sa page de destination.

9) **Quelles sont les sanctions infligées par Meta aux annonceurs, en cas de non-respect des conditions générales publicitaires.**

Les violations des conditions générales et politiques peuvent engendrer des sanctions, notamment : La désactivation de comptes publicitaires, de Pages, de Business Managers ou de comptes utilisateur individuels.

Les comptes, Pages ou Business Managers désactivés ne peuvent pas diffuser de publicités.

10) **Citer des exemples de contenu publicitaire interdit par l'entreprise Meta.**

   a) Cigarettes électroniques, vaporisateurs ou produits incitant à la consommation de tabac.

   b) Les publicités ne doivent pas contenir de comparaison « avant et après » ni d'images montrant des résultats inattendus ou improbables, comme un blanchissement radical des dents.

c) Les publicités ne doivent pas contenir d'affirmations trompeuses, fausses ou mensongères

d) Les publicités ne doivent pas promouvoir la vente ou l'usage d'armes, de munitions ou d'explosifs.

e) Contenu pour adultes

11) **Citer des exemples de contenu publicitaire restreint.**

a) L'alcool

b) Les publicités pour des services de rencontre

c) Les publicités pour jeux de hasard

d) Les publicités pour les pharmacies en ligne

e) Les publicités qui font la promotion d'interventions et de soins esthétiques

12) **Quelles différences faites-vous entre les trois objectifs suivants :**

a) La notoriété : Augmentation de la mémorisation du nom de la marque, du message publicitaire…

b) Le trafic : L'augmentation des visites du site internet, ou des vues d'une vidéo…

c) La conversion : la conversion dépend de l'objectif de l'annonceur (Remplir un formulaire, obtenir des renseignements, vendre un produit…)

Partie III :
Etudes de cas

Etude de cas 1 : Color'Atlas

Vous venez de rejoindre l'équipe de Color'Atlas, un fabricant de peintures pour particuliers. Cette PME de 35 salariés se développe à toute vitesse grâce à des peintures à la pointe de la mode.

Vous rejoignez cette entreprise en tant que chargé de marketing digital, et tout est à faire ! Le marketing, plus généralement, a été négligé jusqu'ici par l'entreprise, qui fonctionnait plutôt avec une équipe de commerciaux très efficaces.

Les canaux de distribution sont, aujourd'hui, les grossistes et les grandes enseignes de bricolage. Les peintures sont ainsi distribuées partout au Maroc, et le consommateur final les découvre en rayon directement.

Le directeur général de Color'Atlas aimerait comprendre ce que le marketing digital peut faire pour son entreprise. Il sait que ces méthodes pourront l'aider à atteindre ses objectifs, mais il ignore comment.

Lors de votre arrivée, vous échangez avec les équipes pour expliquer ce en quoi votre métier consiste, et pour tracer les contours de votre futur plan marketing.

Question 1 :

À votre arrivée, vous constatez qu'aucun plan marketing n'a été réalisé pour l'entreprise, durant ses 10 années d'existence.

D'ailleurs, il semblerait même que personne dans l'équipe n'arrive à expliquer ce qu'est le marché des peintures Color'Atlas.

Vous souhaitez lever le flou et, lors de votre réunion de présentation à l'équipe, vous proposez de clarifier la notion de marché.

Pour vous, le marché de Color'Atlas, c'est :

- o Un marché est un synonyme de "point de vente". Dans votre cas, il s'agit des grossistes et des grandes enseignes de bricolage.

- o Un marché est un point de rencontre entre l'offre et la demande. Ici, c'est le marché des peintures originales et innovantes, pour les particuliers souhaitant une décoration intérieure unique et moderne.

- o Un marché est un synonyme de chiffre d'affaires. Ici, il s'agit des ventes réalisées sur une période donnée pour la gamme des peintures Color'Atlas.

Question 2 :

Le directeur des ressources humaines finalise la rédaction de votre contrat et de votre fiche de poste. Il vous demande, très concrètement, de lister les actions que vous pourriez mettre en place dans le cadre de votre métier.

Dans la liste ci-dessous, cochez les sous-domaines qui relèvent purement du périmètre de votre travail, c'est-à-dire du marketing digital.

Attention, plusieurs réponses sont possibles.

- o La publicité en ligne
- o Le recrutement
- o Le porte à porte
- o La comptabilité
- o L'email Marketing
- o Le web analytics
- o La distribution des flyers
- o La prospection téléphonique
- o L'évènementiel
- o L'animation de la communauté (Community mangement)
- o Le référencement dans les moteurs de recherche.

Question 3 :

Le directeur commercial ne comprend pas l'intérêt d'attribuer du budget au marketing digital, plutôt qu'à des techniques traditionnelles.

Quels sont les avantages du marketing digital ?

Attention, plusieurs réponses sont possibles.

- o Pouvoir cibler une audience avec précision
- o Gagner en notoriété en poussant un message auprès du grand public
- o Planifier des campagnes de façon quasi-instantanée

- o Pouvoir suivre les résultats et le retour sur investissement avec précision
- o Bénéficier d'un contact humain personnalisé, grâce au téléphone
- o Créer du lien avec l'audience, grâce à une relation multidirectionnelle (dans les deux sens)
- o Laisser un support ancré dans la matière (flyers, goodies, livrets) aux prospects intéressés
- o Cibler un secteur géographique grâce aux affiches et au porte-à-porte
- o Créer des supports numériques sans coûts d'impression

Question 4 :

Vous avez le feu vert de la direction pour rédiger le marketing-mix de Color'Atlas. Quels sont les 4 éléments que vous allez présenter ? *Attention, plusieurs réponses sont possibles.*

- o La stratégie de produit
- o La stratégie de prix
- o La stratégie de productivité
- o La stratégie de distribution
- o La stratégie de propagande
- o La stratégie de promotion

Question 5 :

Votre directeur peut bénéficier d'une subvention pour financer des dépenses liées au web marketing. Il ignore si cela s'applique à vos travaux.

Les termes "marketing digital" et "web marketing" sont-ils synonymes ?

- o Non, ce sont deux notions complètement différentes l'une de l'autre. La subvention ne s'applique pas.

- o Oui, ils veulent dire strictement la même chose. Il est possible de demander la subvention pour vos travaux.
- o En théorie, pas exactement, mais en pratique on les utilise de manière interchangeable. Il est possible de demander la subvention pour vos travaux.

Question 6 :

L'ampleur de votre travail, en tant que chargé de marketing digital, semble très chronophage : il faut TOUT mettre en place. Vous allez avoir besoin d'un coup de pouce.

Votre directeur vous propose l'aide d'un des commerciaux de l'entreprise. Ce collègue apprécie l'univers des réseaux sociaux, d'ailleurs c'est lui qui anime – de temps en temps – la page Facebook de l'entreprise.

Est-ce le profil dont vous avez besoin ?

- o Non, ce profil aura besoin de se former au marketing fondamental, puis aux bases du marketing digital avant d'être performant.
- o Oui, c'est un profil intéressant. Il maîtrise déjà un réseau social, il apprendra le reste en pratiquant.

Question 7 :

L'un de vos objectifs consiste à distribuer vos peintures dans de nouveaux magasins de bricolage. Vous souhaitez adopter une démarche analytique, et mesurer finement les résultats de votre campagne.

Qu'allez-vous mettre en place pour atteindre ces clients B2B ?

- o Acheter un espace dans un magazine dédié aux grossistes de l'outillage, des travaux et de la quincaillerie.
- o Afficher un grand panneau publicitaire à l'approche d'un centre commercial qui compte plusieurs magasins de bricolage.
- o Faire une publicité Facebook en ciblant les utilisateurs abonnés au magasin leader du bricolage au Maroc.
- o Créer un blog dédié aux gérants de magasins de bricolage, dont certains articles parleront des tendances catégorie peintures (des « best sellers »), en faisant mention de vos références.

Question 8 :

Un autre de vos objectifs ? Accroître la notoriété de vos peintures auprès des consommateurs finaux (B2C). En effet, bien que ces derniers ne puissent pas directement vous acheter leurs peintures, ils peuvent les retrouver dans de nombreux points de vente.

Que souhaitez-vous mettre en place pour atteindre cet objectif ?

- o Utiliser la publicité payante sur Pinterest pour acquérir du trafic intéressé par la peinture, et le rediriger vers le site e-commerce d'un de vos distributeurs.
- o Présenter votre équipe sur un site pour l'emploi, pour que l'audience puisse poser un visage sur votre entreprise.
- o Sponsoriser un artiste-graffeur réputé, qui réalise des peintures murales impressionnantes, pour qu'il utilise votre matériel et documente le tout sur ses réseaux sociaux comptant 300 K abonnés.

Question 9 :

Aujourd'hui, l'équipe utilise deux actions marketing :

- **L'appel de centrales d'achats chez les grossistes et magasins de bricolage ;**
- **Et la distribution de flyers (petites affiches) avec code de réduction sur certains points de vente – pour pousser les consommateurs à acheter de la peinture Color'Atlas.**

De quel type de marketing s'agit-il ?

- o Marketing entrant (Inbound)
- o Marketing sortant (Outbound)

Question 10:

Votre directeur a un fichier de 5 000 adresses e-mail, qui correspondent à d'anciens clients et contacts. Il souhaite ajouter ces personnes à une newsletter.

Pouvez-vous utiliser ce fichier à des fins commerciales ?

- o Oui, ce fichier est utilisable. Si le directeur a réussi à collecter les adresses, il peut s'en servir comme il le souhaite.
- o Il est possible d'envoyer un premier e-mail automatique et collectif, pour demander aux contacts s'ils souhaitent recevoir la newsletter.
- o Non, le fichier ne peut pas être utilisé pour envoyer une newsletter, car les contacts n'ont pas donné leur accord.

Etude de cas 2 : La boulangerie de Mme Tahiri.

Question 1 : Mme. Tahiri possède une boulangerie-pâtisserie. Après six mois d'activité, elle se sent prête à se lancer en ligne.

Selon vous, que doit-elle faire **en priorité** pour être présente sur le Web :

1- Créer un profil sur les réseaux sociaux
2- Créer une application mobile ?

Question 2 : Mme Tahiri se renseigne sur la façon de créer un site Web commercial et essaie d'en comprendre le fonctionnement. Disposez-vous de bonnes connaissances techniques ?

Pouvez-vous démêler le vrai du faux pour Mme Tahiri ?

Phrases	Vrai	Faux
Adresse IP : chaîne de numéros localisable par un appareil connecté		
Un navigateur trouve où le contenu en ligne est hébergé et le diffuse		
Chaque site Web est hébergé sur un serveur		
L'accès des utilisateurs à un site Web s'appelle "hébergement"		

Question 3 : Mme Tahiri, gérante de la boulangerie "Le bon pétrin", a décidé de lancer son site Web. Pour commencer, elle doit choisir un nom de domaine.

Examinez ses propositions et choisissez le **meilleur nom de domaine**.

    a) www.bonpetrin.ma
    b) www.boulangerielebonpetrin.ma
    c) www.ChezTahiri.ma
    d) www.le-bon-pain.org
    e) www.maboulangerie.ma

Question 4 : Mme Tahiri, qui tient une boulangerie-pâtisserie, rédige le texte de la page de présentation de son site Web.

Quel est, selon vous, celui qui sera le plus efficace ?

Réponse A	Réponse B	Réponse C
Notre stratégie repose sur une vision et un objectif : Favoriser les produits locaux et durables tout en respectant un esprit de communauté	Comme nous, vous aimez les gâteaux ? La boulangerie « le pétrin » vous propose du pain, des gâteaux et des cookies délicieux.	C'est simple : Nous sommes la meilleure boulangerie-pâtisserie de la ville !

Question 5 : Mme Tahiri souhaite faciliter la navigation sur son site Web.

Parmi les fonctionnalités suivantes, lesquelles doit-elle inclure sur chacune de ses pages ?

Réponse A	Réponse B	Réponse C	Réponse D
Menu latéral	Logo de la boulangerie redirigeant vers la page d'accueil	Présentation de l'entreprise	Barre de recherche

Question 6 : Pour rendre plus intéressante la page d'accueil de sa boulangerie-pâtisserie, Mme Tahiri souhaite y ajouter des éléments multimédias.

Elle doit choisir la bonne combinaison pour son site, car ces différents éléments vont rallonger le temps de chargement de la page.

Pouvez-vous classer les éléments ci-dessous dans l'ordre, en commençant par le plus long à charger ?

Une animation explicative de 20 secondes	
Un bouton Twitter qui redirige l'utilisateur vers la page Twitter	
Une vidéo publicitaire HD de 2 minutes sur la boulangerie	
Un texte descriptif	
Une grande image de fond haute résolution affichée en plein écran	
Une image miniature compressée de faible résolution	

Etude de cas 3 Poussegrain

Le développement d'outils et de techniques du **marketing digital** a profité dans un premier temps aux **pure players** (dont le modèle d'activité n'était basé dès le départ que sur une stratégie digitale), mais il apporte aujourd'hui des solutions aux entreprises dites traditionnelles. Ces dernières arrivent, grâce à une stratégie digitale associée à des moyens de distribution et de communication classiques, à renouer ou à renforcer les liens avec leurs clients finaux et à regagner ainsi des points de parts de marché perdus au profit d'acteurs nouveaux

L'exemple de la société POUSSEGRAIN, spécialisée depuis plus de 50 ans dans la fabrication et la commercialisation sous sa propre marque de légumes en conserve (25 variétés, dont 3 bio), le prouve. Depuis quelques années, POUSSEGRAIN a perdu des points significatifs de parts de marché au profit des marques de distributeur, qui restent mieux positionnées auprès des clients en termes de prix et dont l'image est perçue par les consommateurs comme proche des marques de fabricants.

POUSSEGRAIN dispose toutefois d'atouts, comme sa forte image de marque. Elle dispose de produits de qualité alliant variété et valeurs nutritionnelles et d'un réseau de fournisseurs fédérés autour de la marque. Cette dernière est positionnée sur des valeurs de qualité et de tradition tout en restant contemporaine.

Afin de défendre ses positions, POUSSEGRAIN a lancé ces deux dernières années plusieurs nouveaux produits qui ont été accompagnés sur le marché par des campagnes de communication.

L'entreprise souhaite à présent bénéficier des dernières techniques en termes de e-marketing (**SEO, SEA, SMO, Display**...) pour créer une relation directe avec ses consommateurs et se différencier des MDD. La société vous demande d'imaginer une stratégie de communication innovante mélangeant les outils traditionnels de communication et les outils issus des nouvelles technologies.

Par ailleurs, la société souhaite lancer une campagne emailing, dont l'objectif est de créer du trafic vers le site nouvellement créé.

T.A.F :

1) Définir les mots soulignés
2) Quels seraient les outils à votre disposition pour mettre en place une stratégie de communication « omnicanal » adaptée aux objectifs de Poussegrain ? (Dresser un

tableau où vous faites la différence entre les moyens classiques et les moyens du marketing digital).

3) POUSSEGRAIN cherche à répondre à deux problématiques précises : accroître la visibilité de sa marque et augmenter ses ventes. Pour ce faire, la société doit disposer d'informations sur chacun de ses consommateurs avant de mettre en place un plan de communication omnicanal qui se traduit par ce que l'on appelle le « parcours client ». Imaginez le parcours client qui répondrait aux deux problématiques de la marque.
4) Après avoir cité les avantages, décrivez les étapes à suivre pour lancer une bonne campagne emailing ?
5) La direction vous a montré une ancienne campagne email, qui n'a pas donnée de bons résultats. Seriez vous capable d'identifier les erreurs, et les corriger ?

L'objet	Promo sur tous les produits Poussegrain, Epargnez $$$$ Profitez de la semaine fofolle de poussegrain, pleins de surprises et articles gratuits vous attendent
L'expéditeur	Semaine-de-la-folie-poussegrain-noreply@Poussegrain.com
Le	La direction marketing a préféré ne pas

désabonnement	afficher le bouton de désabonnement pour obliger les internautes à recevoir notre newsletter
Le contenu	Pour faciliter la tâche, les responsables marketing ont décidé d'envoyer le meme mail à tous les prospects (anciens et nouveaux)

Etude de cas 4 : L'inbound de Maroc Telecom

Vous êtes un collaborateur de la société Maroc Telecom en charge des programmes relationnels. Afin de rentabiliser le réseau de fibre optique récemment installé dans plusieurs villes, votre responsable vous demande de revoir l'approche marketing et commerciale digitale de l'entreprise afin de compléter les actions de démarchage téléphonique peu productives (beaucoup d'appels pour peu de contrats signés).

Il aimerait que vous prépariez une approche bâtie autour d'une campagne d'inbound marketing et, plus particulièrement, de scenarii utilisant plusieurs supports (mails, posts sur les réseaux sociaux, livres blancs, newsletters…). L'objectif est d'attirer des prospects ciblés, puis de les qualifier pour ensuite les nourrir avec des contenus informationnels, pour enfin les convertir en client lors d'un échange avec un commercial au téléphone (selon le tunnel de conversion classique : 1. Attirer ; 2. Qualifier ; 3. Nourrir ; 4. Fidéliser).

Vous vous renseignez et apprenez que le profilage progressif est une technique permettant aux équipes marketing de recueillir à moindre coût et de manière efficace des informations sur des prospects (visiteurs du site web de l'entreprise). Cette démarche séquencée vise à récupérer des données de connaissance (principalement l'e-mail) et de besoin (centres d'intérêt) auprès de ces visiteurs.

T.A.F :

1) Rappeler les 4 étapes de l'inbound marketing
2) Expliquer à travers un schéma le processus d'une stratégie inbound.
3) En quoi consiste le profilage progressif ?
4) Imaginez un scénario utilisant le profilage progressif afin de travailler la phase 2 de la démarche Inbound. L'objectif premier de ce scénario sera de mieux connaître les motivations des visiteurs à utiliser la fibre, parmi les trois centres d'intérêt suivants :

• Intérêt 1 : les gamers (fluidité pour le jeu en ligne) ;

• Intérêt 2 : les personnes souhaitant disposer d'une bonne qualité vidéo pour regarder des films/séries (qualité vidéo) ;

• Intérêt 3 : les télétravailleurs (visioconférence en ligne/téléchargement de données).

L'objectif second sera de récolter a minima l'email des visiteurs en vue de les intégrer dans une campagne spécifique selon leur centre d'intérêt identifié précédemment. Le point de départ de votre scénario sera la visite d'un internaute anonyme sur votre site Web suite à une recherche sur un moteur de recherche.

5) Proposer des Buyer personas pour les trois segments cités dans la question 4.

Etude de cas 5 : Galeries lafayette

Grandes manœuvres dans le déstockage de mode en ligne. Le groupe Galeries Lafayette (3,8 milliards d'euros de chiffre d'affaires) a décidé d'y faire ses premiers pas, en rachetant le français BazarChic (80 millions d'euros de chiffre d'affaires et 6,4 millions de membres) à ses actionnaires.

À l'heure où les ventes (en France) de mode en magasins physiques ne cessent de reculer et où les grands magasins souffrent de la désaffection des touristes étrangers, cette acquisition illustre la volonté stratégique des Galeries Lafayette de réagir, en misant sur l'omnicanal. En plus de ses célèbres grands magasins (Galeries Lafayette, BHV), le groupe est déjà actif sous son enseigne phare, Galeries Lafayette, avec son propre site de e-commerce. Il a acquis le site InstantLuxe.com, spécialisé dans la vente en ligne d'occasion de sacs et bijoux de grandes marques.

Plus récemment, il a déployé des magasins de déstockage physiques. Avec BazarChic, Galeries Lafayette fait d'une pierre deux coups : le groupe prend position sur les ventes privées de mode en ligne, qui connaissent une forte croissance, mais aussi sur celles, complémentaires, de voyages, via la filiale BazarChicVoyages. De quoi accentuer la pression sur un secteur déjà très concurrentiel. Le site Veepee (2 milliards d'euros de ventes, 52 millions de membres) domine ce marché du déstockage de mode en ligne en Europe, loin devant Showroomprivé (443 millions d'euros de chiffre d'affaires, 26 millions de membres) qui accélère toutefois sa progression.

1) Quels sont les différents modèles économiques possibles pour les sites Internet ?
2) Citez les différents leviers du e-marketing.
3) Qu'est-ce que le Search Engine Marketing ?
4) Citez deux modèles de revenu pour le SEM.
5) Quels sont les acteurs du marché de la vente événementielle en ligne et ses enjeux pour BazarChic ?
6) Quels indicateurs (KPI) BazarChic devrait-il mettre en place pour assurer le suivi de l'activité de son site ?
7) Afin de développer l'interactivité avec ses clients et pour doper ses ventes, BazarChic s'interroge sur l'opportunité d'utiliser des actions de relations publiques ou sur la création d'un événement à la rentrée de septembre 2022. Proposez une action en rapport avec la cible et l'objectif de cette entreprise.

Etude de cas 6 : Modern selling et inbound Marketing

Vous êtes un jeune embauché au service marketing de la société Tinbox, spécialisée dans la fabrication et la commercialisation d'articles de cuisine haut de gamme à destination des particuliers. L'entreprise s'est développée depuis de longues années sur une approche traditionnelle, en développant un réseau de distributeurs animé par une force de vente composée de 10 commerciaux.

Le directeur de la société est persuadé que le digital est un réel levier de performance pour son entreprise. Il se rend également compte que la concurrence lui prend des parts de marché, notamment par la vente sur des plateformes de e-commerce. C'est pourquoi il a investi récemment dans un site Internet flambant neuf et il souhaiterait à présent le rendre profitable. Il vous demande de mettre en place une approche de type **Inbound Marketing** afin de développer, en parallèle du réseau de distribution actuel, une démarche commerciale digitale de manière à reprendre des parts de marché aux concurrents. Vous vous souvenez avoir étudié en cours une approche innovante permettant de répondre aux attentes du directeur et vous vous apprêtez à mettre en place les 4 étapes de l'Inbound Marketing. Cette démarche repose sur la mise en place d'un site Web, clé de voûte du dispositif, et par l'élaboration d'un plan d'actions réparti en

4 étapes successives qui peuvent durer plus ou moins longtemps, ces étapes représentant ce que l'on appelle le tunnel de conversion. Ce tunnel est découpé en deux sous-parties :

– Une phase de génération de prospects qualifiés :

• Attirer les prospects visés en partageant des contenus adaptés ;

• Convertir le trafic obtenu en obtenant des informations plus fines grâce à l'utilisation de contenus attractifs.

– Une phase d'alimentation des prospects en vue de leur transformation en client (nurturing marketing) :

• Conclure la vente en engageant une relation régulière basée sur du partage d'informations/contenus ;

• Enrichir la relation avec les clients pour les transformer en ambassadeurs.

Pour engager cette première phase, l'entreprise doit être capable de décrire son marché et plus particulièrement sa cible visée. On prépare ensuite des actions spécifiques à mener envers cette cible en intégrant des contenus et des canaux de communication spécifiques. Afin de se mettre à la place du client visé, les entreprises ont recours à un outil appelé Buyer Persona pour définir ce client type.

Exemple de fiche pour construire un Buyer Persona

	Nom :	Age :
	Lieu de vie :	Type de logement :
	Situation de famille :	Enfant(s) :
	Profession :	Revenu annuel :
	Lieu de travail :	
	Niveau d'études :	Classe sociale :

Ses centres d'intérêts :   Sa devise :

- Quelles seraient ses motivations d'achat pour votre produit ?
- Quels sont les freins à l'achat ?
- Quels sont les critères importants pour elle lors de l'achat ?
- Est-elle influencée par d'autres personnes lors de l'achat ?
- Quels mots-clés pourrait-elle utiliser lors de la recherche de votre produit sur Internet ?
- Qu'est-ce que votre offre pourrait lui apporter ?
- Quelles sont ses principales sources d'informations ?
- Quelles sont les principales objections qu'elle pourrait émettre à l'encontre de votre offre ?

1) Sur la base du modèle de fiche ci-dessus, imaginez le portrait-robot de la cible idéale pour Tinbox.

2) À partir de la description de votre Buyer Persona, imaginez deux supports qui seraient appropriés pour votre cible et permettraient de la faire venir sur votre site Web pour découvrir vos produits.

Dans les étapes précédentes, vous avez obtenu une liste de prospects et les données associées. Ces prospects pourraient, de par leur comportement et la relation qui s'est installée avec eux, être intéressés par les produits de Tinbox. On appelle cela des pistes d'affaire. Ces informations ont été stockées dans un fichier (on les intègre généralement dans le CRM de l'entreprise). La structure de ce fichier est la suivante :

Nom	Prénom	Email	Téléphone

La campagne peut être menée manuellement, mais on peut également utiliser un outil d'envois automatisés (de type « Workflow »). Des logiciels d'automatisation de campagne commerciale permettent de réaliser ce type d'activité.

3) À partir de ces informations, rédigez un scénario (Workflow) décrivant les différentes étapes d'une campagne de « lead nurturing » permettant d'accompagner vos prospects, par de la personnalisation, dans leur processus de décision (l'objectif est d'accompagner votre prospect jusqu'à l'achat d'un produit de votre entreprise sur le site Web ou par l'intermédiaire d'un point de vente distribuant les produits Tinbox).

La société Tinbox souhaite envoyer à ses bons clients une newsletter avec comme objectif principal de fidéliser et maintenir un contact régulier (mensuel) avec les clients actifs (ayant consommé pour plus de 2000 DH, sur la dernière année).

4) Imaginez le titre et la ligne éditoriale d'une newsletter qui pourrait être envoyée une fois par mois par email à vos clients à forte valeur.

Eléments de réponse
Partie III

Corrigé Etude de cas 1 Color'Atlas

Question 1 : Réponse B

Question 2 :

La publicité en ligne

L'email Marketing

Le web analytics

L'animation de la communauté (Community management)

Le référencement dans les moteurs de recherche

Question 3 :

- o Pouvoir cibler une audience avec précision
- o Planifier des campagnes de façon quasi-instantanée
- o Pouvoir suivre les résultats et le retour sur investissement avec précision
- o Créer du lien avec l'audience, grâce à une relation multidirectionnelle (dans les deux sens)
- o Créer des supports numériques sans coûts d'impression

Question 4 :

Produit, Prix, Distribution, Promotion (communication)

Question 5 : Réponse C

Le terme « digital », dans sa force technique, désigne les différents supports qui utilisent l'internet. Par exemple, les ordinateurs, les tablettes et bien d'autres smartphones, tandis que le webmarketing a rapport avec le web. C'est, en effet, un outil d'internet qui permet de consulter des informations sur des pages mises en ligne et se référant à un site internet.

C'est, par conséquent, un marketing qui est consacré spécialement au web. Ici, les autres supports de technologie digitale ne sont pas importants.

Si le marketing digital se sert de tous les supports de communication, le webmarketing n'utilise que les informations relatives au site internet de l'entreprise.

Question 6 : Réponse A

Question 7 : Réponse D

Question 8 : Réponse C

Question 9 : Réponse B (Outbound marketing)

Question 10 : Réponse C

Corrigé Etude de cas 2 : La boulangerie de Mme Tahiri

Question 1 :

Pour se faire connaître en ligne, Mme Tahiri peut commencer par se créer un profil sur les réseaux sociaux. Simple, rapide et peu onéreuse, c'est la première mesure à prendre pour renforcer sa visibilité en ligne et créer de l'interaction entre elle, son entreprise et les utilisateurs.

Ensuite, Céline peut envisager de réaliser des investissements à plus long terme. Par exemple, elle peut décider de créer une application mobile qui permettra aux mobinautes d'obtenir des informations complémentaires et d'effectuer des achats.

Question 2 :

Phrases	Vrai	Faux
Adresse IP : chaîne de numéros localisable par un appareil connecté	X	
Un navigateur trouve où le contenu en ligne est hébergé et le diffuse	X	
Chaque site Web est hébergé sur un serveur	X	
L'accès des utilisateurs à un site Web s'appelle "hébergement"		X

Question 3 :

L'adresse la mieux adaptée à l'entreprise de Mme Tahiri est : **www.boulangerielebonpetrin.ma**.

Nous lui recommandons en effet d'inclure le nom de son entreprise dans le nom de domaine. Ainsi, ses clients pourront la trouver facilement sur le Web et reconnaître sa boulangerie "physique" grâce à son enseigne.

Pour être efficace, un nom de domaine doit être court, mais également pertinent. Même si "ChezTahiri", "le-bon-pain" et "maboulangerie" sont courts, ils ne reflètent pas le nom de l'entreprise. Ils n'aideront pas les clients à trouver la boulangerie dans le monde réel.

La proposition "bonpetrin" inclut le nom de l'entreprise, mais pas son activité précise.

Question 4 : Réponse B.

Le ton employé par Mme Tahiri doit inspirer confiance aux utilisateurs, pas les intimider.

Le langage courant serait adapté pour son entreprise, mais pas pour d'autres types de sociétés, comme un cabinet d'avocats. La façon dont Mme Tahiri s'exprime doit lui permettre de raconter l'histoire de l'entreprise et de décrire ses produits.

La réponse A emploie un jargon beaucoup trop professionnel. Vous pouvez énoncer votre vision si vous êtes une start-up dans le secteur des technologies, mais ce type de formulation est trop abstrait pour une boulangerie. La description n'indique même pas que l'entreprise est une boulangerie-pâtisserie.

La réponse C donne le sentiment que l'annonceur est arrogant et trop confiant. L'auteur du texte a préféré fournir un argumentaire de vente plutôt que d'expliquer comment l'entreprise peut répondre aux besoins de ses clients.

Question 5 : Réponses A, B et D.

Pour que les visiteurs de son site Web puissent trouver rapidement ce qu'ils cherchent, Mme Tahiri peut utiliser **un menu latéral et une barre de recherche**. La bonne pratique, c'est de toujours les positionner au même endroit, sur chaque page du site Web.

De plus, les visiteurs doivent pouvoir revenir rapidement à la page d'accueil. Sur la plupart des sites Web, il leur suffit de cliquer sur le logo.

La présentation de l'entreprise est utile pour attirer les utilisateurs, mais il n'est pas nécessaire de l'inclure sur chaque page.

Question 6 : Voici l'ordre correct

- Une vidéo publicitaire HD de 2 minutes sur la boulangerie
- Une grande image de fond haute résolution affichée en plein écran
- Une animation explicative de 20 secondes
- Une image miniature compressée de faible résolution
- Un bouton Twitter qui redirige l'utilisateur vers la page Twitter
- Un texte descriptif

Lorsqu'ils accèdent à un site Web, les utilisateurs souhaitent un chargement rapide et sont susceptibles de le quitter si l'attente est trop longue. Par conséquent, il faut faire en sorte que les pages se chargent rapidement, tout en optant pour une conception globale adaptée à vos souhaits. Pour vous y aider, vous devez faire le bon choix en matière de mix média et de solution d'hébergement.

Il faut concevoir des pages Web de façon efficace à l'aide d'images compressées, sans inclure trop de fichiers volumineux tels que des vidéos. Avant de mettre en ligne le site Web de son entreprise, nous recommandons de tester le temps de chargement sur différents appareils et avec plusieurs types de connexion.

Corrigé Etude de cas 3 : Poussegrain

1) **Définition des mots soulignés :**

- Marketing digital : l'ensemble des méthodes et des pratiques marketing utilisées sur Internet : communication en ligne (influence et réseaux sociaux), optimisation du commerce électronique, création de trafic au travers de tous supports numériques
- Pure players : C'est une entreprise qui exerce son activité uniquement en ligne. Elle ne possède donc aucun bâtiment dédié à l'accueil de la clientèle. Il s'agit pour la plupart d'e-commerces, de prestataires de services, mais aussi de médias.
- SEO : L'optimisation pour les moteurs de recherche, aussi connue sous le sigle SEO, inclut l'ensemble des techniques qui visent à améliorer le positionnement d'une page, d'un site ou d'une application web dans la page de résultats d'un moteur de recherche.
- SEA : SEA est un acronyme pour "Search Engine Advertising" qui signifie littéralement publicité sur les moteurs de recherche. Le SEA désigne donc l'utilisation de liens commerciaux ou publicitaires sur les moteurs de recherche. Dans le cadre du SEA, l'espace publicitaire est principalement acheté aux enchères et à la performance au clic en ciblant des requêtes précises grâce à des mots clés.
- SMO : L'optimisation pour les médias sociaux ou référencement social (social media

optimization en anglais, ou SMO) est un ensemble de méthodes pour attirer des visiteurs sur des contenus de site web grâce à la promotion de ceux-ci via les médias sociaux. Le SMO regroupe les actions visant à favoriser la diffusion de contenu par l'action manuelle des internautes. Il constitue en cela un complément au référencement naturel
- Display : Le display (« affichage », en français) correspond à l'achat d'espaces publicitaires sur les sites Web, les applications ou les réseaux sociaux.

2) Les outils à disposition de Poussegrain

Outils traditionnels	Outils du marketing digital
Le courrier L'affichage urbain, Le téléphone, La presse, la télévision…	Le référencement (SEO / SEA) L'emailing Le display Les réseaux sociaux

La communication omnicanale donne la possibilité à un client d'accéder à un ensemble d'informations sur un produit, une marque ou une entreprise donnée, et ce depuis n'importe quel endroit, à n'importe quel moment et sur tout type de support (papier, web, mobile, boutique, centre de relation clients…).

Les entreprises disposent d'une multitude d'outils qui peuvent être connectés entre eux (par exemple le CRM et le site Internet). Ces derniers apportent une information fine et personnalisée sur le comportement des consommateurs.

On regroupe en deux catégories les outils de l'omnicanal :

– les outils du digital tels que le Web et le mobile ;

– et les outils traditionnels comme le courrier, le téléphone, ou les boutiques...

Si ces supports sont moins intrusifs que les campagnes commerciales classiques, il faut toutefois veiller à ne pas saturer sa cible (par des campagnes de mailing répétitives, par exemple).

3) Le parcours client

La mise en place d'une communication omnicanal nécessite de bâtir une stratégie globale d'approche du consommateur. Chaque étape de cette stratégie doit attribuer un rôle précis à chacun des supports utilisés et à chaque moment de la relation avec le client (avant, pendant et après l'achat).

Cela permet au client d'avoir le sentiment de bénéficier de la part de la marque d'un discours cohérent, lisible et complémentaire.

En ce qui concerne POUSSEGRAIN, on pourrait imaginer l'utilisation d'un canal de type réseau social et jeux concours accessible depuis un QR Code apposé sur les boîtes de conserve. L'objectif serait de montrer que la marque est moderne et qu'elle manie les outils nouveaux, mais cette approche permettrait également de collecter de l'information sur les consommateurs portant un intérêt à la marque.

À partir de ces données stockées et d'une segmentation plus fine des clients, une campagne en mode push permettrait de garder le lien et d'effectuer des campagnes de communication plus personnalisées (e-mails, envoi de courrier ou de SMS), tout en incitant les clients à visiter le site Internet de la marque (avec un contenu enrichi : actualités, informations nutritionnelles, traçabilité des produits, et surtout recettes et conseils).

POUSSEGRAIN pourrait en parallèle multiplier les campagnes de publicité pour renforcer la notoriété de la marque et organiser des manifestations thématiques à proximité de zones denses de consommation (grâce aux données collectées) sur la thématique de la cuisine et de l'utilisation de ses produits.

Ces actions seraient ensuite valorisées sur les réseaux sociaux et le site Internet, encourageant ainsi les clients à partager des expériences et permettant d'attirer de nouveaux clients (action de parrainage, par exemple).

À noter toutefois que, si l'engagement vers ce type d'outils apporte une plus juste finesse dans le ciblage et la relation avec les consommateurs, cette stratégie engendre également des coûts significatifs (développement de sites, outils informatiques, achat de données, achat d'espace, frais de référencement) qui peuvent présenter un retour sur investissement peu favorable.

Ces techniques doivent également s'inscrire dans le temps et ne pas représenter pour le consommateur qu'une action ponctuelle.

4) **L'emailing :**
   Les avantages de l'emailing :
   - Moyen peu onéreux ;
   - Facile à déployer ;
   - Offre une mesure très précise des performances.

   Les étapes à suivre pour lancer une campagne emailing
   - La construction et l'entretien de la base de données ;
   - La création du message ;
   - La gestion des envois ;
   - L'analyse des performances.

5) **La direction vous a montré une ancienne campagne email, qui n'a pas donné de bons résultats. Seriez-vous capable d'identifier les erreurs, et les corriger ?**

L'objet	Promo sur tous les produits Poussegrain, Epargnez $$$$ Profitez de la semaine fofolle de poussegrain, pleins de surprises et articles gratuits vous attendent
L'expéditeur	Semaine-de-la-folie-poussegrain-noreply@Poussegrain.com
Le désabonnement	La direction marketing a préféré ne pas afficher le bouton de désabonnement pour obliger les internautes à recevoir notre newsletter

Le contenu	Pour faciliter la tâche, les responsables marketing ont décidé d'envoyer le meme mail à tous les prospects (anciens et nouveaux)

- L'objet doit être court, et concis, et de préférence personnalisé.
  Nous proposons donc : Bonjour Karim, trois produits au prix de deux.

- L'expéditeur : L'expéditeur se compose d'une adresse e-mail, d'un nom et éventuellement d'un prénom.
  Evitez de mentionner « no reply »
  Nous proposons donc :
  Mehdi.Tahiri@poussegrain.com

- Le désabonnement : Ne pas cacher le bouton de désabonnement. Un internaute qui souhaite se désabonner trouvera toujours le lien et s'il n'est pas visible, il n'hésitera pas à classer le message en spam. Or, mieux vaut un désabonnement qu'un signalement en spam.

- Le contenu : Le contenu doit être personnalisé, un email pour chaque catégorie de clients.

Corrigé de l'étude de cas 4 : L'inbound de Maroc Telecom

1) **Rappeler les 4 étapes de l'inbound marketing**

   Attirer, Convertir, vendre, Fidéliser.

2) **Expliquer à travers un schéma le processus d'une stratégie inbound.**

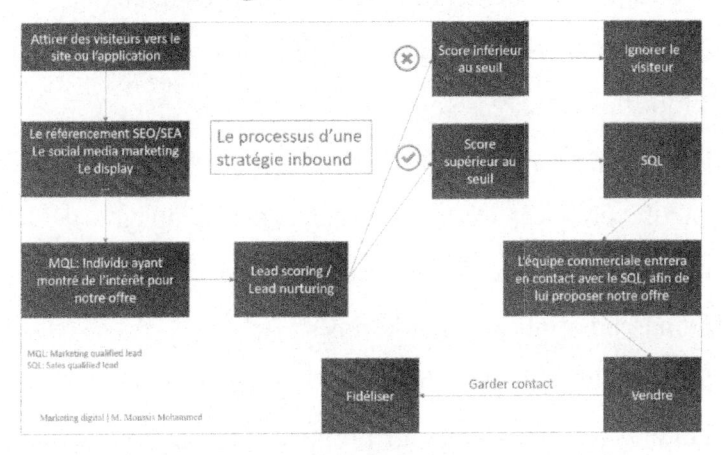

   [Schéma : Le processus d'une stratégie inbound]
   - Attirer des visiteurs vers le site ou l'application
   - Le référencement SEO/SEA, Le social media marketing, Le display
   - Score inférieur au seuil → Ignorer le visiteur
   - Score supérieur au seuil → SQL
   - MQL : Individu ayant montré de l'intérêt pour notre offre
   - Lead scoring / Lead nurturing
   - L'équipe commerciale entrera en contact avec le SQL, afin de lui proposer notre offre
   - Fidéliser — Garder contact — Vendre

   MQL : Marketing qualified lead
   SQL : Sales qualified lead

   Marketing digital | M. Moussa Mohammed

3) **En quoi consiste le profilage progressif ?**

   C'est une technique permettant aux équipes marketing de recueillir à moindre coût et de manière efficace des informations sur des prospects (visiteurs du site web de l'entreprise).

4) **Imaginez un scénario utilisant le profilage progressif afin de travailler la phase 2 de la démarche Inbound.**

   Le scénario : Jeu concours

On va dans un premier temps lancer un jeu concours. Pour diriger les internautes vers notre jeu, on utilisera le display, et le référencement payant.

En cliquant sur notre annonce, le visiteur arrive sur une landing page de notre site présentant trois jeux concours, avec la possibilité de s'inscrire à l'un d'entre eux.

L'internaute est invité pour cela à saisir via un formulaire simplifié son adresse e-mail.

Une confirmation lui est alors envoyée, et le visiteur encore prospect est intégré dans une campagne de lead nurturing adaptée à son centre d'intérêt (étape 3 de la démarche d'inbound marketing).

Si le visiteur n'a pas choisi de s'inscrire à un jeu depuis la landing page, on peut lui proposer en dernier recours et via une fenêtre pop-up de s'inscrire à la newsletter en échange de son adresse e-mail.

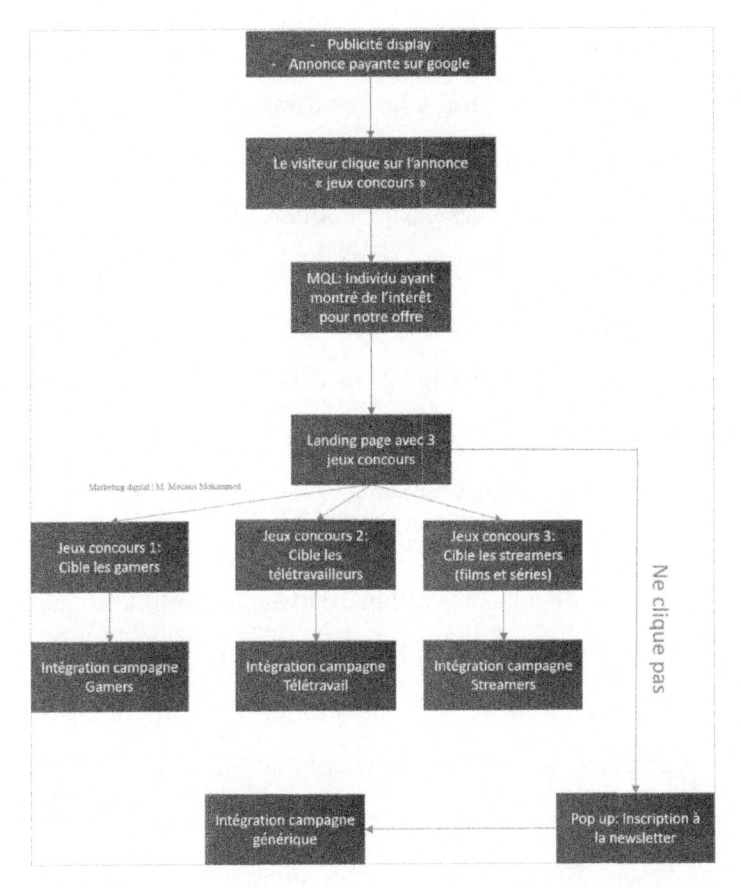

Ces scenarii peuvent être utilisés tout au long de la démarche d'inbound marketing, pour accompagner le prospect dans le tunnel de conversion et en faire un client satisfait puis fidèle. Ils sont de plus en plus automatisés et pilotés grâce à des applications dédiées souvent connectées au CRM de l'entreprise.

5) Proposer des Buyer personas pour les trois segments cités dans la question 4.

(Éléments de réponse)

Buyer persona 1 : Gamer

Youssef, 16 ans, marocain, vivant dans le milieu urbain, branché, et à l'affût de l'actualité des jeux-vidéos. Il fait partie de la CSP B ou A, utilise un smartphone, une tablette, une console de jeux…il est tout le temps connecté.

Buyer persona 2 : Télétravailleur

Tarik, 40 ans, travaillant dans une multinationale, revenu élevé, travaillant de chez lui depuis 2020 (Covid l'oblige). Il a developpé un comportement casanier. Il utilise un smartphone, une TV smart, en plus de son pc qu'il ne quitte jamais…

Buyer persona 3 : Streamer

Yasmine, 25 ans, cinéphile depuis l'adolescence, enchaine les séries TV, l'une après l'autre. Abonnée sur plusieurs plateformes de streaming (Netflix, shahid, HBO). Pour ne rater aucune série, elle utilise sa tablette, et son pc portable. Revenu élevé.

Corrigé étude de cas 5 : Les galeries Lafayette

1) Quels sont les différents modèles économiques possibles pour les sites Internet ?

En matière de e-commerce, on distingue deux types de business model :

- Les modèles transactionnels (l'entreprise vend ce qu'elle a produit ou revend ce qu'elle a acheté) ;

Il existe trois formes de modèles transactionnels : les sites marchands, les sites de vente directe et les sites de vente privée.

- Les modèles relationnels (l'entreprise met en relation des acheteurs et des vendeurs).

Il existe six formes de modèles relationnels : les sites de courtage, les infomédiaires, les galeries marchandes, les sites de C2C, les sites d'achat groupé C2B et les places de marché électronique.

2) Citez les différents leviers du e-marketing.

Les principaux leviers du e-marketing sont :

– le référencement naturel ou Search Engine Optimisation (SEO) ;

– les liens sponsorisés ou Search Engine Marketing (SEM) ;

– l'affiliation ;

– l'emailing ;

– le marketing viral ;

– les partenariats web.

> 3) Qu'est-ce que le Search Engine Marketing ? Citez deux modèles de revenu pour le SEM.

Le Search Engine Marketing correspond à l'ensemble des actions visant à enchérir sur certains mots-clés ou expressions clés pour apparaître sur les premières pages des résultats de recherche sur les moteurs de recherche.

On peut distinguer, parmi d'autres, deux modèles :

– le CPC (Cost Per Clic) : à chaque clic d'un internaute sur sa publicité, l'annonceur rémunère la plateforme ;

– le CPA (Cost Per Action) : chaque fois qu'un internaute clique sur une publicité et que l'internaute réalise un acte prédéfini par l'annonceur (remplir un formulaire, acheter un produit…), l'annonceur rémunère la plateforme.

> 4) Quels sont les acteurs du marché de la vente événementielle en ligne et ses enjeux pour BazarChic ?

Les ventes événementielles en ligne permettent à BazarChic (et donc aux Galeries Lafayette) de créer des temps forts, d'animer sa base clients et de redynamiser l'achat impulsif à différents moments de l'année sur des périodes plus creuses.

Elles permettent également un renforcement de sa stratégie de distribution omnicanal pour l'écoulement de ses stocks.

Les acteurs sont : les sites dédiés, les producteurs et distributeurs des produits à déstocker, les clients internautes soucieux de faire une bonne affaire, les sites de promotion et de mise en relation, les influenceurs sur Internet.

Les enjeux sont multiples : doper les ventes, fidéliser les clients en jouant sur le côté « client privilégié », déstocker des produits en un temps record…

5) Quels indicateurs (KPI) BazarChic devrait-il mettre en place pour assurer le suivi de l'activité de son site ?

Les principaux indicateurs possibles sont les suivants :

– nombre de clics ; – nombre de connexions ; – pages les plus consultées ;

– produits les plus vendus ; – réduction la plus recherchée ; – période de consultation ;

– panier moyen ; – taux de transformation (consultation ou inscription sur le site) ;

– modes de paiement ; – modes de livraison.

7) Afin de développer l'interactivité avec ses clients et pour doper ses ventes, BazarChic s'interroge sur l'opportunité d'utiliser des actions de relations publiques ou sur la création d'un événement à la rentrée de septembre 2022. Proposez une action en rapport avec la cible et l'objectif de cette entreprise.

De nombreuses actions peuvent être suggérées : l'organisation d'une fête VIP, d'un cocktail pour les clients les plus fidèles, d'un cocktail de présentation avec des groupes d'influenceurs, d'un concours réservé aux acheteurs les plus assidus avec comme cadeaux des voyages...

Corrigé étude de cas 6 : Modern selling et inbound Marketing

1) La création du buyer persona

Les organisations cherchent constamment à orienter leurs actions autour du besoin client (pour devenir Customer Centric). Pour ce faire, il est nécessaire de définir le portrait du client ou du prospect qui génère ou générerait le plus de valeur pour l'organisation.

Un outil très utilisé est la réalisation d'une « carte » représentant votre Buyer Persona idéal. Pour créer le Buyer Persona, on recherche plusieurs catégories d'informations afin de rendre le plus réaliste possible la description de ce client ou prospect à forte valeur. Les catégories le plus souvent retenues sont :

- Les données sociodémographiques ;
- Les données de comportement d'achat ;
- Les données de relation entre le client et votre entreprise ;
- Les données de besoins vis-à-vis de vos produits.

On illustre également le Buyer Persona par une photo ou des visuels, mais aussi par une phrase type (slogan de vie par exemple). **Voici la représentation d'un Buyer Persona pour la société « Tinbox » :**

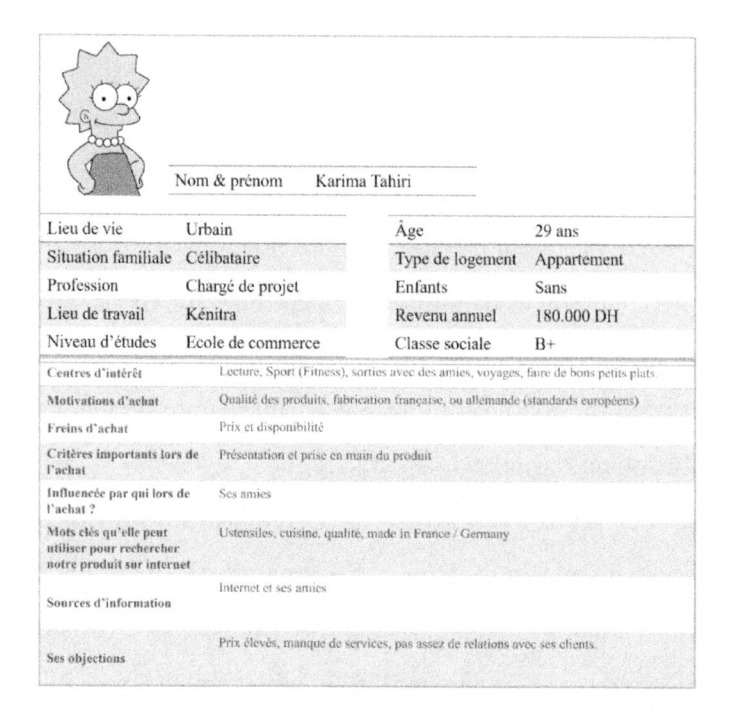

Nom & prénom		Karima Tahiri		
Lieu de vie	Urbain	Âge	29 ans
Situation familiale	Célibataire	Type de logement	Appartement
Profession	Chargé de projet	Enfants	Sans
Lieu de travail	Kénitra	Revenu annuel	180.000 DH
Niveau d'études	Ecole de commerce	Classe sociale	B+
Centres d'intérêt	Lecture, Sport (Fitness), sorties avec des amies, voyages, faire de bons petits plats.
Motivations d'achat	Qualité des produits, fabrication française, ou allemande (standards européens)
Freins d'achat	Prix et disponibilité
Critères importants lors de l'achat	Présentation et prise en main du produit
Influencée par qui lors de l'achat ?	Ses amies
Mots clés qu'elle peut utiliser pour rechercher notre produit sur internet	Ustensiles, cuisine, qualité, made in France / Germany
Sources d'information	Internet et ses amies
Ses objections	Prix élevés, manque de services, pas assez de relations avec ses clients.

2) Les actions pour attirer sur le site

Il existe de nombreux outils susceptibles d'être utilisés, chacun ayant des objectifs spécifiques vis-à-vis des visiteurs à attirer mais aussi des souhaits de l'entreprise : prospecter, générer du trafic, générer de l'engagement, augmenter la notoriété de la marque et de ses produits... Concernant le Buyer Persona de Tinbox, nous avons choisi d'utiliser deux outils spécifiques :

- **Outil 1 : La création et la communication sur les réseaux sociaux d'un jeu concours.**

L'objectif est de faire connaître notre site et les produits associés en touchant un maximum de personnes ressemblant à notre Buyer Persona. Ainsi, par la diffusion d'un ou plusieurs posts sur le jeu concours, et avec un ou des lot(s) adapté(s), Tinbox pourrait bénéficier d'un marketing viral grâce au partage des posts présentant le jeu/concours. Le jeu concours est aussi censé faciliter la collecte d'informations sur les prospects attirés (nom/prénom, adresse email…). Ces informations vont faciliter les phases suivantes de l'Inbound Marketing. Remarque : lorsque l'on collecte et stocke de la donnée sur des clients ou des prospects, l'organisation se doit de veiller au respect des règles en vigueur (notamment celles issues du RGPD).

- **Outil 2 : L'amélioration du référencement naturel du site**

L'objectif est ici de favoriser la venue de prospects sur notre site web grâce à la saisie de mots-clés par ces derniers sur les moteurs de recherche. Le référencement naturel est une pratique nécessitant la connaissance des exigences des différents moteurs de recherche pour obtenir un ranking (classement) performant pour un site donné par rapport aux recherches des internautes sur ce moteur. Ainsi, pour Tinbox, l'optimisation de son site doit passer par une rigueur en termes de descriptif des pages web du site de l'entreprise. Il s'agit d'apporter suffisamment d'informations aux robots évaluant le site lors de leurs passages réguliers sur le site de Tinbox. Des mots-clés sur chaque page sont nécessaires, ainsi que des images avec des légendes, des liens internes et externes pertinents... Le site ainsi paramétré, les recherches des internautes (de type « achat ustensiles cuisine haut de gamme ») devraient les router vers le site de Tinbox. Cette action peut être complétée par du référencement payant.

3) Les différentes étapes d'une campagne lead nurturing

Dans un premier temps, il est nécessaire de s'assurer de la qualité de la base de données (toutes les informations saisies, normalisées, permettant la segmentation). L'intérêt d'obtenir plusieurs informations sur des moyens de communication est de pouvoir varier les supports de contacts (email, SMS). Le nom et prénom permet de personnaliser son approche. Il faut ensuite lister les étapes que l'on souhaite proposer à son prospect avant de le convertir en client :

– Étape 1 : Découverte d'un produit (Email #1)

- Titre de l'email accrocheur

- Contenu du mail mettant en avant les caractéristiques du produit, ses avantages et les bénéfices apportés aux utilisateurs.

– Étape 2 : Explication d'une fonctionnalité (Email #2)

- Présentation de la fonctionnalité phare du produit

– Étape 3 : Explication d'une seconde fonctionnalité (Email #3)

- Présentation d'une fonctionnalité secondaire mais pertinente pour la cible (possibilité de personnaliser en fonction des informations connues du prospect)

– Étape 4 : Appel à l'action (Email #4 avec insertion d'un code promo)

- Titre de l'email incitant à l'action

- Contenu du mail avec un code promo et un lien envoyant directement vers la page du site web contenant le produit ciblé.

Le site web ou le distributeur en point de vente doit proposer au prospect un parcours d'achat fluide, rapide et sécurisé, tout en apportant du conseil adapté (les produits sont positionnés haut de gamme). Une fois l'achat effectué, il est important de réassurer le client par un message spécifique.

Toutes les informations liées à cet achat sont ensuite intégrées dans le logiciel de suivi client. Les données collectées peuvent alors être plus importantes, comme par exemple l'adresse ou des éléments de paiement. Ces informations sont très utiles pour engager la phase suivante de l'Inbound Marketing qu'est la fidélisation.

4) La conception de la newsletter

La conception d'une newsletter doit être réalisée avec le plus grand soin. C'est un vecteur de communication important pour une entreprise qui souhaite fidéliser ses clients, augmenter le trafic vers son site web, mettre en avant un certain nombre de produits (nouveauté par exemple). Elle comporte, dans un email de synthèse, les grandes rubriques, quelques photos et des liens vers des pages de votre site Web ou une landing page (page web appartenant à Tinbox mais indépendante du site).
Pour Tinbox, on pourrait avoir la description suivante :

– le titre du mail avec le nom de l'expéditeur : « Le rendez-vous mensuel des stars de la cuisine avec Tinbox » ;

– le titre de la newsletter : par exemple, « Le plaisir de la cuisine au quotidien » ;

– la ligne éditoriale : on pourrait trouver une rubrique présentant quelques recettes de cuisine, puis une mise en avant d'une nouveauté de la gamme, la mise en avant d'un client référence et enfin des call to action présentant les produits du moment ;

– la personnalisation est également possible : on pourrait envisager, en utilisant un outil de gestion de campagnes commerciales, de personnaliser une partie de la newsletter en fonction de notre connaissance des clients (par exemple en fonction de sa région).

Printed by Amazon Italia Logistica S.r.l.
Torrazza Piemonte (TO), Italy